华为核心竞争力系列 →

任正非谈

华为管理哲学

一切为了前线、一切为了业务服务、一切为了胜利

周锡冰◎编著

海天出版社

·深圳·

图书在版编目（CIP）数据

任正非谈华为管理哲学 ：一切为了前线、一切为了
业务服务、一切为了胜利 / 周锡冰编著. — 深圳 ：海
天出版社，2018.7 （2019.5重印）
（华为核心竞争力系列）
ISBN 978-7-5507-2366-5

Ⅰ．①任… Ⅱ．①周… Ⅲ．①通信企业－企业管理－
经验－深圳 Ⅳ．①F632.765.3

中国版本图书馆CIP数据核字 (2018) 第050104号

任正非谈华为管理哲学 ：一切为了前线、一切为了业务服务、一切为了胜利
REN ZHENGFEI TAN HUAWEI GUANLI ZHEXUE；YIQIE WEILE QIANXIAN、YIQIE WEILE YEWU FUWU、YIQIE WEILE SHENGLI

出 品 人	聂雄前
责任编辑	南　芳
责任校对	赖静怡
责任技编	郑　欢
装帧设计	知行格致

出版发行	海天出版社
地　　址	深圳市彩田南路海天综合大厦 （518033）
网　　址	www.htph.com.cn
订购电话	0755-83460397（批发）　83460239（邮购）
设计制作	深圳市知行格致文化传播有限公司　Tel：0755-83464427
印　　刷	深圳市希望印务有限公司
开　　本	787mm×1092mm　1/16
印　　张	14.5
字　　数	177千
版　　次	2018年7月第1版
印　　次	2019年5月第2次
印　　数	4501—6500册
定　　价	48.00元

目 录 CONTENTS

第 1 章

客户管理哲学：
"一切以客户为中心"

CHAPTER 1

华为会不会是下一个美联航？我们认为最宝贵的财富是客户，一定要尊重客户。我们"以客户为中心"的文化，要坚持下去，越富越要不忘初心。

——华为创始人 任正非

第一节　华为要以客户为中心，不做第二个美联航

翻阅华为创始人任正非在华为内部的多次讲话资料发现，"以客户为中心"的文化始终是华为研发、生产、创新的基石。任正非多次在内部讲话中强调，虽然华为已经问鼎同行业，但是却没有忘记"以客户为中心"的初心。

华为在 2016 年的财报中再次写道："2016 年，华为消费者业务坚持以消费者为核心，持续提升消费者体验，聚焦有价值的创新，在多个领域实现重大突破，行业领导力、产品创新力和全球高端品牌影响力进一步提升，受到全球更多消费者的喜爱与合作伙伴的青睐。2016 年实现销售收入人民币 179,808 百万元，同比增长 43.6%，全年智能手机发货量达到 1.39 亿台，同比增长 29%，连续 5 年持续稳健增长。"

这份数据足以说明，华为消费者业务之所以能够保持这样的高速增长，是因为华为人坚持创始人任正非一向坚守的"以客户为中心"。

的确，在企业界，但凡提及华为，"以客户为中心"就是一个标志性的名片，似乎很难绕过去。当美国联合航空公司（简称美联航）事

件①震惊世界后，任正非在内部讲话中告诫华为人，华为必须"以客户为中心"，坚决不做第二个美联航。

在任正非看来，当员工背离"以客户为中心"的价值观时，各种层级的管理体系无疑会产生惰性，使得整个组织远离客户。基于此，任正非在"美联航事件"发生不久后，告诫华为人，绝不做第二个美联航。

"从美联航事件看，企业必须以客户为中心"

每当在沃尔玛连锁店购物时，作为顾客的我们总会被墙上显眼的顾客服务原则所吸引。沃尔玛的顾客服务原则有两条："第一条，顾客永远是对的。第二条，如果对此有疑义，请参照第一条执行。"

面对如此的顾客服务原则，我们总会感觉到自己真的是上帝，不自觉地感叹，沃尔玛之所以能够成为全球最大的零售商，是因为沃尔玛真正地把顾客当作上帝。

众所周知，"顾客至上"这条经营法则，历来都是古今中外商人们的经商根本。不论处在什么时代，不论经营什么领域，一旦企业经营者不尊重顾客，顾客就会购买竞争对手的产品。长此以往，这样的企业就不可能长期持续经营下去，倒闭也在情理之中。

研究发现，对于中外的长寿企业来说，"顾客至上"都被其奉为信

---

① 2017年4月9日，一班由芝加哥飞往肯塔基州最大城市路易斯维尔，编号为UA3411的航班因超额售卖机票，需要四名志愿者改签次日飞机。在无乘客自愿改签的情况下，美联航暴力将一名越南裔医生打晕并强制拖出机舱。同机乘客将视频发到互联网上后，引爆此次危机事件，世界舆论一片哗然。

条。在企业上百年的经营过程中，这个信条已深入骨髓，甚至已成为无意识的习惯，他们每时每刻都在反反复复努力实践着这一真理。①

然而，这被视为圭臬的"以客户为中心"却被"美联航暴力逐客事件"所击破。在此次事件后，美联航 CEO 奥斯卡·穆尼奥斯（Oscar Munoz）在一份给该公司员工的备忘录中称，航空公司工作人员遵守了"规定程序"，并称受伤乘客在过程中拒绝配合，"具有破坏性且咄咄逼人"。

"我们试图征集志愿者，之后又按照我们的非自愿拒绝登机程序执行，包括向愿意让出座位的乘客提供补偿，"奥斯卡·穆尼奥斯写道，"当我们找到其中一名乘客并向其解释，我们很抱歉他被拒绝登机时，他提高自己的音量并拒绝配合机组人员的指示。"

"为了让他配合下飞机，（机组人员）几次接近他，每一次他都拒绝，而且变得越来越具有破坏性和咄咄逼人，"奥斯卡·穆尼奥斯在这份备忘录中说，"我们的工作人员别无选择，只能求助于芝加哥航空局安全官员协助将这名乘客弄下这架飞机。"

作为美联航 CEO 的奥斯卡·穆尼奥斯，其做法不仅让美联航声誉扫地，同时还可能毁掉一个长期积累信誉的企业。面对美联航这样的做法，华为创始人任正非在"战略预备队座谈会上的讲话"中分析，"美联航不以客户为中心，而以员工为中心，导致他们对客户这样恶劣的经营作风。"

基于此，任正非忧虑地反思："华为会不会是下一个美联航？我们认为最宝贵的财富是客户，一定要尊重客户。我们'以客户为中心'的

① 船桥晴雄.日本长寿企业的经营秘籍[M].北京：清华大学出版社，2011.

文化，要坚持下去，越富越要不忘初心。"

翻阅浩瀚的资料后发现，任正非在接受媒体采访时谈得最多的还是以客户为中心。任正非是这样解释的："华为的价值和存在的意义，就是以客户为中心，满足客户的需求。我们提出要长期艰苦奋斗，也同样是出于'以客户为中心'这样一个核心价值理念，坚持艰苦奋斗的员工也一定会获得他所应得的回报。"

任正非给华为的未来指明了一个清晰的战略方向——在华为的市场布局中，赢得客户认可的不仅是技术，更是服务。因此，华为被业界称之为"狼"，即使像爱立信、思科这样的对手，也畏惧华为几分。

当然，像爱立信、思科这样的跨国公司畏惧华为，一个最为关键的因素就是任正非所倡导的"以客户为中心"的强烈的客户意识。

在华为的企业文化中，任正非始终强调"以客户为中心"——"为客户服务是华为存在的唯一理由，客户需求是华为发展的原动力；我们坚持以客户为中心，快速响应客户需求，持续为客户创造长期价值进而成就客户；为客户提供有效服务，是我们工作的方向和价值评价的标尺，成就客户就是成就我们自己。"

因此，在任正非看来，华为的文化就是为客户服务，只有真正地为客户服务了，才能赢得客户的认可和支持。

与华为的以客户为中心相比，
美联航的做法简直是傲慢过头

"美联航暴力逐客事件"发生的当天，美联航的股价几乎没受影响，但是当如雪花般的负面报道在世界各大媒体头条上刊载后，美联航的股价急剧下跌，一度使该公司市值蒸发 10 亿美元。

不难看出，处在风暴中的 UA3411 航班暴力逐客事件，超出美联航 CEO 奥斯卡·穆尼奥斯的预料，不仅继续发酵，同时还让美联航依旧处于该危机事件的暴风中心。

这起看似偶发性的事件，居然以这样的方式引发了蝴蝶效应，让美联航 CEO 奥斯卡·穆尼奥斯措手不及。

可以肯定地说，此次 UA3411 航班暴力逐客事件，其传播之广和影响之大，显然超出了奥斯卡·穆尼奥斯最初的判断。即使奥斯卡·穆尼奥斯连续三天四次发声道歉，奥斯卡·穆尼奥斯和他的团队依然没有能够全力抑制事态的进一步恶化。相反，他们的做法，再次引发消费者的不满。

2017 年 4 月 11 日，作为京东集团创始人的刘强东，在自己的头条账号上公开痛斥美联航的服务态度，刘强东写道："看到美联航员工对正常乘客动粗新闻，想起三次乘坐美联航的噩梦般体验！我负责任地说：美联航的服务绝对是全球最烂的！没有之一！"

作为中国企业家的刘强东，很少这样公开批评跨国公司的服务。此次事件让刘强东"火力全开"，足以说明美联航恶劣的服务态度。

当美联航暴力逐客事件持续发酵时，脱口秀演员黄西在头条问答上也持类似的观点，痛斥服务质量非常差的美联航。

黄西为此还提到了自己的不愉快经历："攒了很多里程数，坐飞机的时候给一家人用里程数换了头等舱，到了机场之后又不行，然后说可以使用抵用券，但实际上抵用券使用起来非常困难，后来我索性就不用了。"

此外，今日头条高级副总裁柳甄也在 2017 年 4 月 12 日回顾自己乘坐美联航的糟糕经历："念书的时候，一次从芝加哥回湾区，里程换的商务舱，在已经登机坐下的情况下，被请到了经济舱，然后一个貌似成功人士的白人坐下。乘客当时见惯不惯的样子，比较麻木。"

与华为的"以客户为中心"相比，美联航的做法简直是傲慢过了头。为了更好地执行"以客户为中心"的战略，华为甚至还禁止员工在陪客户时"喝假酒"。

据公开资料显示，2015 年 12 月，一份名为《昆明代表处陪同客户用餐要求》的内部文件在网络上传播开来。

从表面上来看，这只是一则关乎企业声誉的新闻，但从另一层面可以清晰地看出，"以客户为中心"的理念正在被华为人有效地践行，而且不能有丝毫的折扣。

据曝光的文件显示，该文件为华为中国地区昆明代表处 2015 年 12 月 21 日发布的，主要是针对华为昆明代表处，要求昆明代表处的华为员工在陪同客户用餐过程中不得以水冒充酒。

在该内部文件中明确写道："近期发现有员工在陪同客户用餐时喝假酒（用水冒充酒），在客户心中形成非常不好的印象。代表处特别强调，所有人员陪同客户喝酒时禁止喝假酒，如果身体有特殊情况可以说明，不需喝酒，但喝假酒关系到客户对我司人员人品的评判，严令禁止。"

随后，华为昆明代表处经理级人士在接受媒体采访时坦言："我们在 21 日当天确实收到过这份文件，也感到很意外。我很支持公司的决定，作为华为的员工，喝假酒确实不好，这是态度和面子问题，你能喝就喝，不能喝就不喝，何必去骗客户。……反正我们部门没有出现过陪客户时喝假酒的情况。"

事实证明，华为昆明代表处出台这个禁止员工陪客户时喝假酒的文件，旨在执行"以客户为中心"的战略。这份文件立即受到不少研究者和观察家的热议。

坚持以客户为中心的路线不动摇

当美联航被世界媒体集中炮轰时，一直倡导"以客户为中心"的任正非却觉察到华为可能成为第二个美联航，在"战略预备队座谈会上的讲话"中分析道："巴塞的火爆与坂田的冷清，标志着华为正在淡化以客户为中心的文化。"

任正非举例说道："现在有些客户不远万里来到坂田，很多专家和主管都不愿意去展厅为客户提供讲解咨询，不愿多抽一些时间黏黏客户。"

任正非反复强调说："这是否标志着华为正滑向美联航的道路？如果每个人不热心见客户，坐而论道，这类人要从专家队伍和主管队伍退到职员岗位上去，将来人力资源会做相关考核。富了就惰怠，难道是必归之路吗？"

在任正非看来，作为产品经理与客户经理，其主要责任就是要与客户有黏性，没有这种热情及成功渴望的人，不能担任主管。因此，任正非认为："每个代表处都要明确如何'以客户为中心'，干部、专家要考核与客户交流的数量与质量。考核是全流程，从机会、获得、交付、服务……缺失这个热情的要改正，以后的考核要量化、公开。"

任正非的忧虑并非不无道理。不管是柯达，还是曾经风光无限的诺基亚，其没落都与自身不重视"以客户为中心"有关。为此，任正非告诚华为人："公司机关既然不愿意好好为客户服务，为什么机关要建立这么庞大的机构。每年管理者的末位淘汰比为10%，但淘汰不是辞退，他可以进入战略预备队重新去竞争其他岗位。通过淘汰主管，将压力传递下去。在这个时代，每个人都要进步，时代不会保护任何人。不要认为华为公司是五彩光环，我们已处于风口浪尖，未来将走向何方？没人知道。因此，我们各项工作都要导向多产粮食、增加土地肥力。"

大量的事实证明，在华为的战略中，始终坚持把"以客户为中心"植入自己的血液之中——只要服务的阵地还在，即使是核灾也不退缩。

众所周知，2011年，日本福岛由于地震，发生了核泄漏。在这样的紧急情况下，恐怖的核泄漏无疑威胁当地华为工程师的安全。然而，华为工程师仍然展现了服务到底的"以客户为中心"的精神，不仅没有因为福岛核泄漏而撤离，相反还加派工程师，在短短的一天内，就协助软体银行（简称软银）、E-mobile① 等客户抢通了300多个基站。

在"以客户为中心"的指导下，当日本需要华为工程师时，愿意前往日本协助的工程师非常多，甚至多到需要经过身体与心理素质筛选，够强壮的工程师才能被派到现场作业。

软银LTE② 部门主管为此高度赞扬华为工程师的服务精神，他曾非常惊讶地问道："别家公司的人都跑掉了，你们为什么还在这里？"

面对这个问题，当时负责协助软银架设LTE基站的专案组长李兴不假思索地回答说："只要客户还在，我们就一定在。"

在华为，一个电话通知，人就飞到利比亚、阿尔及利亚、委内瑞拉

---

① 移动协同办公系统。
② Long Term Evolution 的缩写，指移动通信的长期演进技术。

等世界各个角落是常有的事情，不仅如此，一出差往往就是三个月或者半年，而且是在最落后的地区做最艰苦的事情。

第二节 没有客户，华为的生存和发展就无从谈起

华为俨然是一根学习的标杆，特别是"以客户为中心"的做法引起诸多企业家的广泛关注。

面对外界的多种猜测，一向低调、神秘的华为公司创始人任正非打破过去的一贯做法，以更加开放的态度接受了众多媒体的采访，回答了关于华为公司的管理理念、价值观、管理哲学、股权、接班人等方面的多个问题。

在回答这些问题时，任正非始终围绕"以客户为中心"阐述。在接受媒体采访时，任正非表示，华为的核心价值观只有一个——"以客户为中心"。

任正非是这样解释的："华为之所以崇尚'以客户为中心'的核心价值观就是因为只有客户在养活华为，在为华为提供发展前进的基础，其他任何第三方（包括政府）都不可能为华为提供资金用于生存和发展，所以，也只有服务好客户，让客户把兜里的钱心甘情愿地拿给我们，华为才有可以发展下去的基础。"

不以客户为中心，华为就没有明天

如今的任正非早已功成名就，但是在创业阶段，其艰难程度是很多读者无法想象的。20世纪90年代，作为初创企业的华为创始人任正非，为了让华为生存和发展，就曾亲自背着军绿色的旧书包到全国各地推销，甚至还拜会边疆某地电信局，询问电信局的领导人员购不购买交换机。

正是这样的创业经历，让任正非清楚地认识到客户的重要性。在内部讲话中，任正非告诫华为人：

还记得，经历20世纪90年代初艰难的日子，在资金、技术各方面都匮乏的条件下，咬牙把鸡蛋放在一个篮子里，紧紧依靠集体奋斗，群策群力，日夜攻关，利用压强原则，重点突破，我们终于拿出了自己研制的第一台通信设备——数字程控交换机。

1994年，我们第一次参加北京国际通信展，在华为展台上方张贴的《国际歌》"从来就没有救世主，也不靠神仙皇帝，要创造新的生活，全靠我们自己"这句话非常的与众不同，但对华为员工来讲，这正是当时的真实写照。

设备刚出来，我们很兴奋，又很犯愁，因为业界知道华为的人很少，了解华为的人更少。当时有一个情景，一直深深地印在老华为人的脑海，经久不褪：在北京寒冬的夜晚，我们的销售人员等候了八个小时，终于等到了客户，但仅仅说了半句话："我是华为的……"就眼睁睁地看着客户被某个著名公司接走了。

望着客户远去的背影，我们的小伙子只能在深夜的寒风中默默地咀嚼着屡试屡败的沮丧和屡败屡战的苦涩：是啊，怎么能怪客户呢？华为本来就没有几个人知晓啊。由于华为人废寝忘食地工作，始终如一虔诚地对待客户，华为的市场开始有起色了，友商看不到华为这种坚持不懈的艰苦和辛劳，产生了一些误会和曲解，不能理解华为怎么会有这样的进步。

还是当时一位比较了解实情的官员出来说了句公道话："华为的市场人员一年内跑了 500 个县，而这段时间你们在做什么呢？"当时定格在人们脑海里的华为销售和服务人员的形象是：背着我们的机器，扛着投影仪和行囊，在偏僻的路途上不断地跋涉……

在《愚公移山》中，愚公整天挖山不止，还带着他的儿子、孙子不停地挖下去，终于感动了上帝，把挡在愚公家前面的两座山搬走了。

在我们心里面一直觉得这个故事也非常形象地描述了华为 18 年来，尤其是 20 世纪 90 年代初中期和海外市场拓展最困难时期的情形：是我们始终如一对待客户的虔诚和忘我精神，终于感动了"上帝"，感动了我们的客户。

无论国内还是海外，客户让我们有了今天的一些市场，我们永远不要忘本，永远要以宗教般的虔诚对待我们的客户，这正是我们奋斗文化中的重要组成部分。[①]

---

① 任正非 . 天道酬勤 [N]. 华为人报，2006-07-21.

正是这样的认识，才让华为始终坚守"以客户为中心"。任正非清楚地知道，华为的生存和发展，必须是建立在客户基础之上的。只有拥有客户，华为才有明天；怠慢客户，华为将成为下一个美联航。

为此，任正非在内部讲话中回顾说道："我们由于生存压力，在工作中自觉不自觉地建立了'以客户为中心'的价值观。应客户的需求开发一些产品，如接入服务器、商业网、校园网等，因为那时客户需要一些独特的业务来提升他们的竞争力。不以客户需求为中心，他们就不买我们小公司的货，我们就无米下锅，我们被迫接近了真理。但我们并没有真正认识它的重要性，没有认识它是唯一的原则，因而对真理的追求是不坚定的、漂移的。"

任正非在内部讲话中反复说道："在20世纪90年代后期，公司摆脱困境后，自我价值开始膨胀，曾以自我为中心过。我们那时常常对客户说，他们应该做什么，不做什么，我们有什么好东西，你们应该怎么用。例如，在NGN[①]的推介过程中，我们曾以自己的技术路标，反复去说服运营商，而听不进运营商的需求，最后导致在中国选型，我们被淘汰出局，连一次试验机会都不给。历经千难万苦，我们请求以坂田的基地为试验局的要求，都久久不得批准。我们知道我们错了，我们从自我批判中整改，大力倡导'从泥坑中爬起来的人就是圣人'的自我批判文化。我们聚集了优势资源，争分夺秒地追赶。我们赶上来了，现在软交换占世界市场40%，为世界第一。"

---

① Next Generation Network 的缩写，即下一代网络。

如果是客户的话，最小的我都会见

对于任何一个企业来说，都会涉及客户、员工、股东和社会四个利益群体。尽管这四个群体是企业生存所必要的、不可或缺的，但是当客户、员工、股东和社会四个利益群体发生冲突的时候，不同企业在价值观排序上发生了微妙却重要的变化。

可能读者会问，到底该谁排第一呢？由于企业不同，其体现出的核心价值观无疑就不同，在美联航事件中，员工利益就被排在第一位。

在美联航 CEO 奥斯卡·穆尼奥斯看来，作为企业经营者，不可能总是照顾到所有各方的利益，这就意味着各方无疑会发生利益冲突，一旦经营者遭遇冲突，就必须做出价值观排序决定。

基于此，华夏基石 e 洞察智库撰稿人杨杜撰文指出："我们不认为何种价值观排序一定正确，但企业进行文化建设时应该预先界定冲突时的排序，谁第一、谁第二、谁第三。一个成功的企业和企业家应该是一个懂得平衡并善于平衡的人，但在价值观排序上不能模棱两可。以客户为中心是价值观念，更是行动！也只有在利益冲突的时候，才能看出你的核心价值观取向。"

在华为，作为创始人的任正非，始终把"以客户为中心"放在首位，特别是为客户服务，绝对不是一句空话，即使是全球顶级的投资机构拜访华为，只要不是客户，作为创始人的任正非照样不接待。

几年前，耶鲁大学杰克逊全球事务学院高级研究员、时任摩根士丹利首席经济学家和前亚洲区主席的斯蒂芬·罗奇（Stephen Roach）率领一个机构的投资团队访问华为总部。

对于这样的事情，很多企业家的常见做法，就是把斯蒂芬·罗奇一行视为上宾，作为企业的创始人全程陪同，甚至还会录像，以此作为宣传，来提升公司的知名度和美誉度。但是，一向"以客户为中心"的任正非没有这样做，甚至都没出面会见和接待斯蒂芬·罗奇，而是派了负责研发的常务副总裁费敏接待。

事后，在中国处处受热捧的斯蒂芬·罗奇黯然神伤，有些失望地对媒体说："他（任正非）拒绝的可是一个 3 万亿美元的团队。"

当媒体把斯蒂芬·罗奇的失望刊载在媒体上时，任正非的态度很坦诚，解释说道："他罗奇又不是客户，我为什么要见他？如果是客户的话，最小的我都会见。他带来机构投资者跟我有什么关系呀？我是卖设备的，就要找到买设备的人……"

在任正非看来，华为之所以能够取得如今战无不胜的成绩，其成功不全是因为技术，亦不是因为资本，而唯有客户。

任正非对此事的解释表明，华为以客户为中心的价值观——在客户和投资者两者中，任正非把时间给了客户。当年起草《华为基本法》时，第一稿曾经提出一条：为客户服务是华为存在的理由。任正非拿起笔就改为：为客户服务是华为存在的唯一理由。[①]

事实证明，正是因为有了客户的支持和认可，才是华为走向持续成功的一个关键点。这就是任正非为什么没有会见和接待斯蒂芬·罗奇的真正原因。任正非的观点很明确，华为就是要培育客户至上的企业文化和核心价值观，而不是日常企业家们崇尚的资本运作和技术主导的企业文化。

在华为以客户为中心的案例举不胜举。作为华为公司高级管理顾问

---

① 杨杜.文化的逻辑[M].北京：经济管理出版社，2016.

的中国人民大学吴春波教授曾讲过这样一个真实的案例："2002 年，任正非的劳动态度考核是 C。说他出了两个问题：第一是责任心出了问题；第二是奉献精神出了问题。你怎么知道任正非的责任心不强？华为用的是关键事件法。任正非的责任心考核为什么是 C？是因为有一天他答应见一个客户，结果他那天事多，忘了，这件事证明他的责任心有问题，这不是主管打分，是用事来反映。说他奉献精神有问题，是因为国外来了客户，任正非承诺要见客户，结果临时家里有事，没有陪客户吃饭，家事公事没排好序，没有奉献精神，给他打了 C。结果是他当年的安全退休金被打折扣，第二年不能加工资，不能继续配股。"

第三节　人才、技术、资金都可引进，唯独"以客户为中心"不能

2017 年，雅虎的破产让很多用户怅然若失，曾经那个以雅虎电子邮箱为骄傲的名片似乎风光不再，学者更以"雅虎终于死了：从 1000 亿元到破产贱卖，最后连名字都没保住"的观点来阐释。

雅虎曾经要风得风，要雨得雨。为什么会倒下呢？答案就是背离"以客户为中心"。

反观华为，"以客户为中心"的印迹烙印在华为的方方面面。任正

非在内部讲话中谈道："华为内部的管理，简而言之，就是保持整个企业的活力，通过巩固基层员工的饥饿感、中层员工的危机感、高层干部的使命感来激发由上至下的活力，进而确保整体的不断前进。其管理的目标就是流程化的组织建设。企业要通过有效管理构建起一个平台，摆脱对资金、对技术、对人才的依赖。人才、技术、资金都是可以引进的，唯独管理与服务是无法引进的，只能通过不断地历练来自己创造，进而达到管理的最高境界。"

把"以客户为中心"的核心价值观放到首位

研究数百个中国老字号企业发现，要想让企业成为百年老店，就必须把"以客户为中心"的核心价值观放到首位。

众所周知，老字号的优势非常明显，但由于缺乏具体量性标准和严格规范，这就使得其生产工艺具有不可复制性，也就决定了传统工艺往往不能与现代技术对接，即不能大规模工业化生产。如不同厨师用同样的原料炒同样一个菜品，但味道可能会有不同，主要与厨师掌握火候适度、调味适量之类的技艺传承有关。

然而，正是因为这样的技艺传承，使得店铺的目标客群和客户过于狭小、集中，在这样的条件下，店铺经营者往往会更加注重顾客服务，因为只有至诚至上、货真价实的顾客服务，才可能赢得顾客的认可。

这主要是很多刚创业的店铺规模都小，通常都是前店后厂。尽管没有规模效应，但是由于拥有独特的技艺，在提供给顾客产品时通常与时俱进，随着消费水平和消费方式的变化而变化时，店铺经营者的经营理念、技术、产品和服务都在变化，从而让顾客非常满意，同时也愿意多次光临。在明清时代，由于当时的传播手段较为落后，但是多数老字号凭借良好的口碑传播，赢得一大批顾客。

纵观诸多百年老店，我们发现，对于任何一个家族企业而言，从创业的那一天开始，就会面临产品同质化、竞争异常激烈等问题，加上从事的都是一些餐饮、医药、服装制作等服务行业，要想脱颖而出，无疑要求本身就有很高的服务质量。因此，一部分家族企业能够树立品牌，能在一方土地上扎稳脚跟，这都与家族企业本身顾客至上的战略分不开。

究其原因，由于家族企业创始人没有多少创业资金，他们只有某些手艺，如行医、食品制作等。在缺乏资金的情况下，服务好每一个顾客的重要性也就毋庸置疑了。对于商家来说，"顾客就是上帝"的道理应该是再熟悉不过。随着商业社会的进一步发展和成熟，顾客几乎成为经营成败的代名词。可以肯定地说，客户至上，是长寿企业的经营法则之一。

在中国的百年老字号企业中，它们把顾客当作"上帝"，企业不仅把顾客视为"衣食父母"，而且把顾客当作企业存在的根基。在为顾客提供产品或者服务时，质量管理不局限于生产过程，而是涉及产品的设计、试制、生产、销售、消费等各个方面。如百年老字号同仁堂，坚持恪守"炮制虽繁必不敢省人工，品味虽贵必不敢减物力"的古训。又如瑞蚨祥，百年以来始终坚持"至诚至上、货真价实、言不二价、童叟无欺"的经营宗旨。

尽管华为从创业到如今也才 30 余年，但是在任正非看来，没有客户，华为的生存和发展便犹如"镜中花，水中月"。所以，只有把客户真正地服务到位，才是华为战胜跨国公司的一个关键点。为此，在选择客户和员工谁排在第一时，任正非自然把客户放到首位。

在华为的核心价值观中，作为创始人的任正非，把为顾客提供服务作为其第一条，足以说明，"以客户为中心"的核心价值观有多么重要。在《华为的红旗到底能打多久》一文中，任正非明确地解释华为的核心价值观：

第一条（追求）。华为的追求是在电子信息领域实现顾客的梦想，并依靠点点滴滴、锲而不舍的艰苦追求，使我们成为世界级领先企业。

第二条（员工）。认真负责和管理有效的员工是华为最大的财富。尊重知识、尊重个性、集体奋斗和不迁就有功的员工，是我们的事业可持续成长的内在要求。

第三条（技术）。广泛吸收世界电子信息领域的最新研究成果，虚心向国内外优秀企业学习，在独立自主的基础上，开放合作地发展领先的核心技术体系，用我们卓越的产品自立于世界通信列强之林。

第四条（精神）。爱祖国、爱人民、爱事业和爱生活是我们凝聚力的源泉。责任意识、创新精神、敬业精神与团结合作精神是我们企业文化的精髓。实事求是是我们行为的准则。

第五条（利益）。华为主张在顾客、员工与合作者之间结成利益共同体。努力探索按生产要素分配的内部动力机制。我们决不让雷锋吃亏，奉献者定当得到合理的回报。

第六条（文化）。资源是会枯竭的，唯有文化才会生生不息。一切工业产品都是人类智慧创造的。华为没有可以依存的自然资源，唯有在人的头脑中挖掘出大油田、大森林、大煤矿……精神是可以转化为物质的，物质文明有利于巩固精神文明。我们坚持以精神文明促进物质文明的方针。

　　第七条（社会责任）。华为以产业报国和科教兴国为己任，以公司的发展为所在社区做出贡献。为伟大祖国的繁荣昌盛，为中华民族的振兴，为自己和家人的幸福而不懈努力。

　　为了更好地解读"以客户为中心"的核心价值观，任正非写道："现在社会上最流行的一句话是追求企业的最大利润率，而华为公司的追求是相反的，华为公司不需要利润最大化，只将利润保持一个较合理的尺度。那么我们追求什么呢？我们依靠点点滴滴、锲而不舍的艰苦追求，成为世界级领先企业，来为我们的顾客提供服务。"

　　在任正非看来，只有把"以客户为中心"的核心价值观放到首位，才能提升客户的忠诚度，才能打败竞争对手。

以客户的价值观为导向，以客户满意度为标准

　　在给总裁班学员讲课时，一个学员就很急切地问道："周老师，为什么我的企业销售额超过 100 亿元（人民币），但品牌的口碑却无法与地处偏远、销售额只有五六十亿元（人民币）的老干妈相提并论。"

　　这样的困惑无疑表明，在僵化战略的思维下，这位学员就没有理解"互联网 +"时代的消费者需求。

　　在"互联网 +"时代，各个企业都在叫嚣把产品做到极致。然而，真正落到实处的却没有几个。这就是很多企业昙花一现的根源所在。在食品行业，老干妈创始人陶华碧坚守"以客户为中心"这个理念，把这一理念发挥到了极致。为了践行这一理念，陶华碧依托其强有力的辣椒

酱产品，严格把控原料，加工工艺考究，最终为消费者提供了一个极致的用户体验。不仅如此，陶华碧还在产品上做足了硬功夫，给低门槛、易跟随的佐餐酱品类行业设置了一道不能超越的壁垒，把更多的竞争者挡在这门槛之外。

这或许是该学员没有看到的深层次因素。基于此，在任正非看来，只有将"以客户为中心"落到实处，才能保证华为的生存和发展。

为此，任正非解释说道："也许大家觉得可笑，小小的华为公司竟提出这样狂的口号，特别在前几年。但正因为这种目标导向，才使我们从昨天走到了今天。今年我们的产值在 100 亿元（人民币）左右，年底员工人数将达 8000 人，我们和国际接轨的距离正逐渐缩短。今年我们的研发经费是 8.8 亿元（人民币），相当于 IBM[①] 的 1/60；产值是它的 1/65。和朗讯比，我们的研发经费是它的 3.5%，产值是它的 4%，这个差距还是很大的，但每年都在缩小。我们若不树立一个企业发展的目标和导向，就建立不起客户对我们的信赖，也建立不起员工的远大奋斗目标和脚踏实地的精神。因为对于电子网络产品大家担心的是将来能否升级，将来有无新技术的发展，本次投资会不会在技术进步中被淘汰。华为公司若不想消亡，就一定要有世界领先的概念。我们最近制订了要在短期内将接入网产品达到世界级领先水平的计划，使我们成为第一流的接入网设备供应商。这是公司发展的一个战略转折点，就是经历了十年的卧薪尝胆，开始向高目标冲击。"[②]

为了给客户提供优质服务，任正非坦言："我们必须以客户的价值

---

① 国际商业机器公司。
② 任正非.要从必然王国走向自由王国 [N].华为人报，1998-03-23.

观为导向，以客户满意度为标准，公司的一切行为都是以客户的满意程度作为评价依据。客户的价值观是通过统计、归纳、分析得出的，并通过与客户交流，最后得出确认结果，成为公司努力的方向。沿着这个方向我们就不会有大的错误，不会栽大的跟头。所以现在公司在产品发展方向和管理目标上，我们是瞄准业界最佳。现在业界最佳是西门子、阿尔卡特、爱立信、诺基亚、朗讯、贝尔实验室等，我们制定的产品和管理规划都要向他们靠拢，而且要跟随他们并超越他们。如在智能网业务和一些新业务、新功能问题上，我们的交换机已领先于西门子，但在产品的稳定性、可靠性上我们和西门子还有差距。我们只有瞄准业界最佳才有生存的余地。"

事实证明，对于任何一个企业而言，客户是企业重要的战略资源，谁拥有优质的客户资源，谁就可能成为商业帝国的霸主。任正非在创业初期就懂得这个道理。在 1994 年 6 月的《胜利祝酒词》中，任正非讲道："在当前产品良莠不齐的情况下，我们承受了较大的价格压力，但我们真诚为客户服务的心一定会感动'上帝'，一定会让'上帝'理解物有所值，逐步地缓解我们的困难。我们一定能生存下去……"

在《资源是会枯竭的，唯有文化生生不息》一文中，任正非再次讲道："华为是一个功利集团，我们一切都是围绕商业利益的。因此，我们的文化叫企业文化，而不是其他文化或政治。因此，华为文化的特征就是服务文化，因为只有服务才能换来商业利益。服务的含义是很广的，不仅仅指售后服务，从产品的研究、生产到产品生命终结前的优化升级，员工的思想意识、家庭生活……因此，我们要以服务来设定队伍建设的宗旨。我们只有用优良的服务去争取用户的信任，从而创造了资源，这种信任的力量是无穷的，是我们取之不尽、用之不完的源泉。

有一天我们不用服务了，就是要关门、破产了。因此，服务贯穿于我们公司及个人生命的始终。当我们生命结束了，就不用服务了，因此，服务不好的主管，不该下台吗？"

在任正非看来，"以客户为中心"的含义不仅体现在产品的售后服务，更应该延伸到产品研究、生产、甚至是员工家庭生活。这样的理念无疑使得华为更早地将"以客户为中心"上升为企业战略。

众所周知，在华为发展的一个较长阶段，"低价格、次产品、优质的服务"是华为留给客户的第一形象。某运营商老板至今对华为的优质服务记忆深刻：早年，华为的交换机大多在县级邮电部门使用，产品稳定性差，经常出问题。但华为的跟进服务做得好，24小时随叫随到，而且邮电部门的职工做主人做惯了，动不动就把华为的员工包括任正非训斥一顿，他们不但没有任何的辩驳，而且总是诚恳检讨，马上改正，与西方公司习惯把责任推给客户、反应迟钝相比，华为让人印象深刻。你怎么能拒绝把客户真正当作"上帝"的人呢？要知道，20世纪90年代前后，"服务"的概念在中国尚属稀缺产品，华为却把它做到了极致。[1]

"华为的魂是客户，只要客户在，华为的魂就永远在"

1997年，任正非正式地把"面向客户是基础，面向未来是方向"提升到华为战略的高度。任正非说："如果不面向客户，我们就没有存

---

[1] 田涛，吴春波.下一个倒下的会不会是华为[M].北京：中信出版社，2012.

在的基础；如果不面向未来，我们就没有牵引，就会沉淀，落后……"

自此以后，任正非在华为的内部讲话上，尽管个别措辞稍有一些变化，但是"以客户为中心"的战略思想一直贯穿在华为发展和壮大的每个阶段和每个环节中。2002 年，任正非在内部讲话中说："华为的魂是客户，只要客户在，华为的魂就永远在，谁来领导都一样。如果公司寄托在一个人的管理上，这个公司是非常危险、非常脆弱的。华为公司已经实现了正常的自我循环和运行，这是我们公司更有希望的一点。"

2003 年，任正非在内部讲话中说："我们强调，要坚持客户需求导向。这个客户需求导向，是指理性的、没有畸变、没有压力的导向，代表着市场的真理。有压力、有畸变、有政策行为导致的需求，就不是真正的需求。我们一定要区分真正的需求和机会主义的需求……我们要永远抱着理性的客户需求导向不动摇，不排除在不同时间内采用不同的策略。"

2007 年，任正非在内部讲话中说："华为不是天生就是高水平，因此要认识到不好的地方，然后进行改正。一定要在战争中学会战争，一定要在游泳中学会游泳。在很多地区，我们和客户是生死相依的关系，那是因为我们已经和客户形成了战略性伙伴关系。机会不是公司给的，而是客户给的。机会在前方，不在后方。我们要有战略部署，如果没有战略部署我们就无法竞争。"

正是因为坚持"以客户为中心"，华为迎来了高速成长。2005 年后，华为把全球数百家客户看作互为依存、互相促进的战略伙伴，而非简单的甲乙方。这对华为而言无疑是一个根本性的转变和提升。

与之相反的是，很多企业发展到一定规模，往往会迷失自我，模糊常识，在"以客户为中心"的追求方面出现动作变形，或价值观的扭曲。西方一些企业就是在这个阶段步入发展下行道的。华为的决策层也正是在目睹一座座山峰倒下去的惊心动魄中，认识到常识与真理的颠扑不破。因此，在 2006—2010 年这一时期，华为以极高的频率大讲特讲"以客户为中心"，并通过多层次的培训活动进行系统强化。①

事实证明，在浮躁的当下，不管是美欧，还是中国，成千上万的高科技企业在资本力量和创始人快速致富的贪婪风气的推动下，纷纷搅入资本市场，并被资本意志所控制。华为却能以 10 年为目标来规划"面向客户"的未来。② 任正非的做法引起了欧洲电信企业经营者的好奇。

2010 年 12 月，欧洲某大型电信企业的高管们特地来到深圳华为总部，学习华为的"以客户为中心"的战略思想，任正非的授课题目是——"以客户为中心，以奋斗者为本，长期坚持艰苦奋斗"。

任正非坦率地说："这就是华为超越竞争对手的全部秘密，这就是华为由胜利走向更大胜利的'三个根本保障'。我们提出的'三个根本保障'并非先知先觉，而是对公司以往发展实践的总结。这三个方面，也是个铁三角，有内在联系，而且相互支撑。'以客户为中心'是长期坚持艰苦奋斗的方向；'艰苦奋斗'是实现以客户为中心的手段和途径；'以奋斗者为本'是驱动长期坚持艰苦奋斗的活力源泉，是保持以客户为中心的内在动力。"

2012 年 7 月，任正非在一份发言提纲中写道："西方公司的兴衰，彰示了华为公司'以客户为中心，以奋斗者为本，长期坚持艰苦奋斗'的正确。"

---

① 田涛，吴春波．下一个倒下的会不会是华为 [M]．北京：中信出版社，2012．
② 中国企业家网．任正非：华为为什么不上市？[EB/OL]．2012-11-29．http://www.iceo.com.cn/renwu/35/2012/1129/260809.shtml．

任正非的判断非常正确，只有以客户为中心，企业才有存在的可能。这也正是任正非的高明之处。华为一位高管举例说：中国人民大学商学院的一批 EMBA（高级管理人员工商管理硕士）学员去英国兰卡斯特大学交流访问，在考察了英国工业革命的辉煌历史后，再看今天的英国，受到很大震撼。学员们向英国教授提到华为，对方教授评价道：华为不过是走在世界上一些曾经辉煌过的公司走过的路上，这些公司在达到顶峰之前也是以客户为导向的，也是不停奋斗的，但达到顶峰后它们开始变得故步自封，听不进客户的意见，于是就衰落了。①

正是华为"以客户为中心"的思想，得到了全球合作者的认可和赞誉。时任华为首席营销官的胡厚崑介绍说："目前华为服务的全球 50 强运营商已经从 2008 年的 36 家上升至 45 家，更多的运营商认可了我们的独特价值。由于坚持'以客户为中心'的创新战略，使我们能迅速提供领先解决方案，提升网络性能，减少网络运营成本，不断创新以帮助运营商应对业务挑战；通过提供面向未来的创新网络解决方案，保护运营商建网投资。这就是为何越来越多的领先运营商选择华为作为最佳合作伙伴的原因。"

尽管距 2010 年已经过去好几年了，胡厚崑当时的判断还是很准确的。胡厚崑说："在全球宽带尤其是移动宽带市场发展的驱动下，华为预计主要业务仍将实现稳健增长，销售收入预计增长 20%，在固定移动融合、专业管理服务和智能终端等产品与解决方案领域将有较大的发展空间。"

---

① 程婧.阿里都上市了，这些牛企为何誓死不上市？[J].商界，2014（9）.

第 **2** 章

CHAPTER 2

技术管理哲学：
"领先半步是先进，领先三步成先烈"

CHAPTER 2

　　从统计分析可以得出，几乎 100% 的公司并不是技术不先进而死掉的，而是技术先进到别人还没有对它完全认识与认可，以致没有人来买，产品卖不出去却消耗了大量的人力、物力、财力，丧失了竞争力。许多领导世界潮流的技术，虽然是万米赛跑的领跑者，却不一定是赢家，反而为"清洗盐碱地"和推广新技术而付出大量的成本。但是企业没有先进技术也不行。华为的观点是，在产品技术创新上，华为要保持技术领先，但只能是领先竞争对手半步，领先三步就会成为"先烈"，明确将技术导向战略转为客户需求导向战略。

——华为创始人 任正非

第一节　崇拜技术但反对盲目创新

大量的事实证明，具有技术创新能力的企业才能在极速变化的信息与通信技术产业中生存，不管是诺基亚手机，还是柯达相机，曾经的创新让这些巨型企业赚得盆满钵溢。但是由于过度崇拜技术，而在创新中迷失，使得自己忘记了创新的价值，最终倒下了。

面对如此创新困境，任正非毫不客气地告诫华为人说道："华为投入了世界上最大的力量去进行创新，但华为反对盲目的创新，反对为创新而创新，我们倡导有价值的创新。没有技术创新与管理体系的'傻投入'，就不会有真正的产品与市场的竞争力，就只能靠低价和打价格战，就没有利润空间。产品品质不好是耻辱，企业没利润可挣也是一种耻辱。从企业活下去的根本来看，企业要有利润，但利润只能从客户那儿来，只能加大对客户价值创造能力的投入。而企业不赢利，对人才、技术和管理就不会有钱去投入。这是个简单道理，我们'傻'才会按简单道理去'傻投入、傻干'！华为坚持走技术创新的道路，关注知识产权。"

在任正非看来，华为鼓励创新，但是反对盲目地创新，必须推动有价值的创新。因此，在创新问题上，华为坚持更多地宽容失败，宽容

"歪瓜裂枣"的奇思异想，肯定"反对者"的价值和作用，允许"反对者"的存在。正因为如此，华为的技术创新才能"超英赶美"。

在产品技术创新上，华为要保持技术领先

2015 年 3 月，夜幕下的荷兰最大的足球场——阿姆斯特丹球场，在 5 万多名球迷涌入后顿时淹没在阵阵呐喊和助威声中，"HUAWEI"（华为）的巨幅广告随处可见。

作为该球场赞助商的华为，为荷兰构建了最大的 WiFi 网络，可为 5 万多名球迷提供免费无线网的接入。华为的这一成功，意味着中国制造成功地向中国创造转变、中国速度向中国质量转变、中国产品向中国品牌转变。

当然，这个转变的背后是华为已在 170 多个国家和地区扎根成长。在全球排名前 50 位的电信运营商中，45 家与华为保持长期战略伙伴关系，全球 1/3 的人口在用华为提供的网络和设备打电话、上网、与世界连接，享受低价优质的信息服务。

可能读者会问，华为是通过何种手段取得如此业绩的呢？答案就是创新。对于任何一个企业来说，谁占领了技术和市场的制高点，谁就能够决胜未来。

在华为的发展历程中，每一次大跨越发展靠的就是创新。所谓创新，是指以现有的思维模式提出有别于常规的见解作为导向，利用现有的知识和物质在特定的环境中，本着理想化需求或为满足社会需求，而改进或创造新的事物、方法、元素、路径、环境，同时能够得到一定有

益效果的行为。

"创新"一词来源于拉丁语，原意包含三层含义：第一，更新；第二，创造新的东西；第三，改变。（见表 2-1）

表 2-1　创新的三层含义

为了把这三层含义有机地集于一身，任正非做了很多尝试，当然给企业界带来的影响是史无前例的。2007 年，任正非在内部讲话中谈道："我们反对盲目创新。我们公司以前也是盲目创新的公司，也是非常崇拜技术的公司，我们从来不管客户需求，研究出好东西就反复给客户介绍，客户说的话根本听不进去，所以在 NGN 交换机上犯了主观主义的严重错误，曾在中国电信市场上被赶出局。后来，我们认识到自己错了，及时调整追赶，现在已经追赶上了，在国内外得到了大量使用，在中国重新获得了机会。例如中国移动的汇接网全部是我们承建的，也是世界上最大的 NGN 网。"

在任正非看来，华为虽然是一个崇拜技术的公司，但是却反对盲目创新。2007 年，任正非在内部讲话中谈道："超前太多的技术，当然也是人类的瑰宝，但必须牺牲自己来完成。IT 泡沫破灭的浪潮使世界损失了

20万亿美元的财富。从统计分析可以得出，几乎100%的公司并不是技术不先进而死掉的，而是技术先进到别人还没有对它完全认识与认可，以致没有人来买，产品卖不出去却消耗了大量的人力、物力、财力，丧失了竞争力。许多领导世界潮流的技术，虽然是万米赛跑的领跑者，却不一定是赢家，反而为'清洗盐碱地'和推广新技术而付出大量的成本。"

任正非清楚地告诫华为人，对于任何一个企业，没有先进的技术也是不行的。"华为的观点是，在产品技术创新上，华为要保持技术领先，但只能是领先竞争对手半步，领先三步就会成为'先烈'，明确将技术导向战略转为客户需求导向战略。……通过对客户需求的分析，提出解决方案，以这些解决方案引导开发出低成本、高增值的产品。盲目地在技术上引导创新世界新潮流，是要成为'先烈'的。"

客户需求和技术创新双轮驱动

据媒体报道，欧洲一家通信制造商的高管曾经在一个非正式场合这样讲道："过去20多年全球通信行业的最大事件是华为的意外崛起，华为以价格和技术的破坏性创新彻底颠覆了通信产业的传统格局，从而让世界绝大多数普通人都能享受到低价优质的信息服务。"

在该高管看来，破坏性创新是华为赢得胜利的一个关键。然而，我翻阅华为的资料发现，"创新"一词在华为的"管理词典"中却不多见，即使在任正非20多年来的上百次讲话、文章和华为的文件中，提到"创新"的次数也不多。

在任正非看来，华为投入了世界最大的力量在创新，但华为反对盲目创新，反对为创新而创新，华为推动的是有价值的创新。任正非认为，创新必须建立在客户需求和技术创新双轮驱动的基础之上。

为此，2015 年，任正非在"变革战略预备队第三期誓师典礼"上的讲话中谈道："以客户需求为中心做产品，以技术创新为中心做未来架构性的平台——现在我们是两个轮子在创新：一个是科学家的创新，他们关注技术，愿意怎么想就怎么想，但是他们不能左右应用。技术是否要投入使用，什么时候投入使用，我们要靠另一个轮子 Marketing（市场营销）。Marketing 不断地在听客户的声音，包括今天的需求、明天的需求、未来的需求，才能确定我们掌握的技术该怎么用，以及投入市场的准确时间。"

在这个讲话中，任正非明确地指出，客户需求和技术创新双轮驱动才是华为最好的创新指导思想。早在 2011 年任正非就曾讲道："公司要从工程师创新走向科学家与工程师一同创新——我们不仅要以客户为中心，研究合适的产品与服务，而且要面对未来的技术方向加大投入，对平台核心加强投入，一定要占领战略的制高地。要不惜在芯片、平台软件等方面冒较大的风险。在最核心的方面，更要不惜代价，不怕牺牲。我们要从引进电子技术的人才，走向引进一部分基础理论的人才，要有耐心培育他们成熟。也要理解、珍惜一些我们常人难以理解的奇才。总之我们要从技术进步，逐步走向理论突破。"

开放合作，一杯咖啡吸收宇宙能量

在公开场合，任正非多次讲道，"独霸世界的成吉思汗和希特勒，最后都灭亡了。"早在 2001 年，任正非在内部讲话中讲道："一定要开放，不开放就是死路一条。对于我们公司来说，如果我们的软件不开放，就跟中国自给自足的农民情况一样，收益率非常低，再怎么折腾就是一亩三分地。如果我们不掌握核心技术，开放也是埋葬自己。但是我们光拥有了核心技术，却没有开放，就不会带来附加值，肯定没有大的效益。所以我们既要拥有核心技术又要走向开放，这样核心技术的作用才得到体现，开放周边能够使我们的核心价值再次得到提升。"

在任正非看来，不管是合作还是创新研发，都必须开放。2013 年，任正非在内部讲话中再次讲道："高级干部与专家要多参加国际会议，多'喝咖啡'，与人碰撞，不知道什么时候就擦出火花，回来写个心得，你可能觉得没有什么，但也许就点燃了熊熊大火让别人成功了，只要我们这个群体里有人成功了就是你的贡献。公司有这么多务虚会就是为了找到正确的战略定位。这就叫一杯咖啡吸收宇宙能量。"

事实证明，在当下的商业规律中，只有开放与合作，才能真正地实现共赢，赢得最后的生存机会。华为一直坚持开放心态，绝不因为坚持某些优势而放弃开放。任正非多次强调："我们一定要建立一个开放的体系，特别是硬件体系更要开放。我们不开放就会死亡。"这样的忧虑足以说明开放在华为的重要性。

2012 年 7 月 2 日，任正非与华为"2012 诺亚方舟实验室"专家展开座谈并回答了与会人员的提问，终端 OS[①] 开发部部长李金喜问任正非："我来自中央软件院欧拉实验室，负责面向消费者 BG[②] 构建终端操

---

① Operating System 的缩写，即操作系统。
② Business Group 的缩写，即华为的业务集团。

作系统能力。当前在终端 OS 领域，Android、iOS、Windows Phone 8 三足鼎立，形成了各自的生态圈，留给其他终端 OS 的机会窗已经很小，请问公司对终端操作系统有何期望和要求？”

针对此问题，任正非实事求是地做了回答。

如果说这三个操作系统都给华为一个平等权利，那我们的操作系统是不需要的。为什么不可以用别人的优势呢？微软的总裁、思科的 CEO 和我聊天的时候，他们都说害怕华为站起来，举起世界的旗帜反垄断。我跟他们说我才不反垄断，我左手打着微软的伞，右手打着思科的伞，你们卖高价，我只要卖低一点，也能赚大把的钱。我为什么一定要把伞拿掉，让太阳晒在我脑袋上，脑袋上流着汗，把地上的小草都滋润起来，小草用低价格和我竞争，打得我头破血流？

我们现在做终端操作系统是出于战略的考虑，如果他们突然断了我们的粮食，Android 系统不让用了，Windows Phone 8 系统也不让用了，我们是不是就傻了？同样的，我们在做高端芯片的时候，我并没有反对你们买美国的高端芯片。我认为你们要尽可能地用他们的高端芯片，好好地理解它。只有他们不卖给我们的时候，我们的东西稍微差一点，也要凑合能用上去。

我们不能有狭隘的自豪感，这种自豪感会害死我们。我们的目的就是要赚钱，是要拿下“上甘岭”；拿不下“上甘岭”，拿下“华尔街”也行。我们不要狭隘，我们做操作系统，和做高端芯片是一样的道理。主要是让别人允许我们用，而不是断了我们的粮食；断了我们粮食的时候，备份系统要能用得上。

正是任正非这样务实的创新，今天的华为才取得如此耀眼的成就。众所周知，华为之所以能从当年三十门、四十门模拟交换机的代理商走到今天，是因为华为人拥有将军的长远眼光，否则华为就不能走到今天。在这个调整的过渡时期，华为呼唤更多有战略眼光的人走到管理岗位上来。

对此，任正非在内部会上坦言："我们看问题要长远，我们今天就是来赌博，赌博就是战略眼光。……华为现在做终端操作系统是出于战略的考虑……我们今天的创造发明不是以自力更生为基础的，我们是一个开放的体系，向全世界开放。……我们还是要用供应商的芯片，主要还是和供应商合作，甚至优先使用他们的芯片。我们的高端芯片主要是'容灾'用。低端芯片哪个用哪个不用这是一个重大的策略问题，我建议大家要好好商量研究。如果我们不用供应商的系统，就可能为华为建立了一个封闭的系统，封闭系统必然要能量耗尽，要死亡的。"

正是因为任正非坚持开放战略，华为才得以快速发展，其成果非常显著。不管是1976年诺贝尔经济学奖获得者米尔顿·弗里德曼（Milton Friedman）提出的"地球是平的"，还是当下的"互联网+"思维，其共同的特性就是开放、合作，才能实现共赢。

在这样的背景下，华为的生存和发展也不例外，只有坚持开放、合作，才能赢得客户的认可。一味地挤压合作伙伴来获得发展的路径，被任正非称之为"黑寡妇"蜘蛛。

"黑寡妇"蜘蛛可能是世界上声名最盛的毒蜘蛛了，其声名远扬并不是因为"黑寡妇"蜘蛛的毒性，而是因为"黑寡妇"蜘蛛在交配过程中会慢慢地吃掉配偶，作为自己孵化幼蜘蛛的营养。因此，民间才把这种毒蜘蛛取名为"黑寡妇"。

任正非以"黑寡妇"蜘蛛来比喻在企业的发展中，有的经营者一味地挤压合作者的利润来获得发展。为此，在 2010 年 PSST[①] 体系干部大会上，任正非以《以客户为中心，加大平台投入，开放合作，实现共赢》为题，强化开放、合作、实现共赢的新思维。

任正非在该会上说："在最近的人力资源管理纲要研讨会上，我讲了要深刻理解客户，深刻理解供应伙伴，深刻理解竞争对手，深刻理解部门之间的相互关系，深刻理解人与人之间的关系，懂得开放、妥协、灰度。我认为任何强者都是在均衡中产生的。我们可以强大到不能再强大，但是如果一个朋友都没有，我们能维持下去吗？显然不能。我们为什么要打倒别人，独自来称霸世界呢？想把别人消灭、独霸世界的成吉思汗和希特勒，最后都灭亡了。华为如果想独霸世界，最终也是要灭亡的。我们为什么不把大家团结起来，和强手合作呢？我们不要有狭隘的观点，想着去消灭谁。我们和强者，要有竞争也要有合作，只要有益于我们就行了。"

在任正非看来，开放、合作、实现共赢才是企业经营的终极哲学。当华为日渐壮大之后，无疑会遭到行业的批评。为了维护业界的生态平衡，任正非旗帜鲜明地做出指示："华为跟别人合作，不能做'黑寡妇'。'黑寡妇'是拉丁美洲的一种蜘蛛，这种蜘蛛在交配后，母蜘蛛就会吃掉公蜘蛛，作为自己孵化幼蜘蛛的营养。以前华为跟别的公司合作，一两年后，华为就把这些公司吃了或甩了。我们已经够强大了，内心要开放一些，谦虚一点，看问题再深刻一些。不能小肚鸡肠，否则就是楚霸王了。我们一定要寻找更好的合作模式，实现共赢。研发还是比

---

① Products and Solutions Staff Team 的缩写，即产品与解决方案。

较开放的，但要更加开放，对内、对外都要开放。想一想我们走到今天多么不容易，我们要更多地吸收外界不同的思维方式，不停地碰撞，不要狭隘。"

第二节　枪杆子出政权，
　　　　技术创新必须以研发为前导

反观华为创业史就不难看出，由于华为初期是做代理起家的，在研发和设计上压根就没有任何的技术储备。

基于此，熟读《毛泽东选集》的任正非清楚，"枪杆子里面出政权"，技术创新必须以研发为前导，只有这样才能与巨头们竞争和较量。

在这样的情况下，搞出一个能够打败跨国公司的产品，这样的难度超出人们的想象。尽管面临诸多困难，但是有困难要上，没有条件，创造条件也要上。在这样的决心下，华为集中一切资源，终于成功地把C&C08交换机研发了出来。

C&C08交换机面世后，华为才有了自己的技术创新，"枪杆子里面出政权"的步伐才正式迈开，同时也就开始有了与跨国巨头叫板的资本。

强攻 5G，一流的企业做标准

在企业创新中，酷爱《毛泽东选集》的任正非重新注解了"枪杆子里面出政权"这句话——企业最重要的是将产品卖出去。

不可否认的是，要想真正地实现"枪杆子里面出政权"，彻底领先竞争者，一个最好的办法就是制定行业标准。究其原因，是一流企业做标准，二流企业做品牌，三流企业做产品。

众所周知，能够制定标准的企业，通常都是行业的领头羊，有制定游戏规则的能力。因此，制定行业标准的企业往往通过提高门槛和标准限制其他企业准入，提高自身的优势。

作为二流的企业，主要经营的是品牌，具体是指在行业标准下，通过自身的营销、内部管理、质量管理等手段打造品牌优势。

作为三流的企业，主要是在产品上下功夫，即通过提升产品质量，获得竞争优势。

在 5G 到来之前，拥有技术优势的华为并不甘心将成为二流和三流企业作为目标，而是立志成为一流企业。当华为超越爱立信之后，与其争夺行业标准的战斗由此打响，这就意味着决胜 5G 时代的竞争已经开始。

2016 年 3 月，时任工信部副部长的陈肇雄向媒体介绍说："5G 是新一代移动通信技术发展的主要方向，是未来新一代信息基础设施的重要组成部分。与 4G 相比，不仅将进一步提升用户的网络体验，同时还将满足未来万物互联的应用需求。从用户体验看，5G 具有更高的速率、更宽的带宽，预计 5G 网速将比 4G 提高 10 倍左右，只需要几秒即可下载一部高清电影，能够满足消费者对虚拟现实、超高清视频等更高网络体验的需求。"

在陈肇雄看来，从行业应用角度看，"5G 具有更高的可靠性，更低的时延，能够满足智能制造、自动驾驶等行业应用的特定需求，拓宽融合产业的发展空间，支撑经济社会创新发展。"

这样的变化，为用户带来更好的体验和方便。在当前，当用户去运营商换卡时，业务人员都会很礼貌地告知："请您办理 4G 业务，3G、2G 业务已经不再办理。"这也从一个侧面说明，在当下的北上广深这样的大城市，4G 已经达到全面覆盖的程度，无疑把市场及用户需求激发了出来。基于此，在不远处的 5G，其潜在的、巨大的商业机会就开始显现。

2016 年 3 月，美国媒体就报道了有关爱立信与 T-Mobile[①] 正式进行5G 业务的研发与测试的新闻。该报道预测，到 2021 年年底，5G 用户的数量将会达到 1.5 亿。

在此之前，来自中国的华为早已在接受媒体采访时表示，华为已经启动 5G 网络的布局。华为的信息是有其依据的，早在 2016 年世界移动通信大会上，作为未来发展趋势的 5G 自然吸引了无数媒体的关注，时任华为轮值 CEO 的郭平就以"What should we do before 5G?"（5G 之前，我们需要做什么？）阐述了关于 5G 未来发展可能性的相关看法。

郭平坦言："至少要到 2020 年，5G 技术才有可能成熟化、普及化并达到商用程度，当前它需要的则是更多的时间去建设与推广。"

可能读者会问，到底什么是 5G 呢？所谓 5G 是指第五代移动电话行动通信标准，也称第五代移动通信技术，英文为 5th-Generation，缩写为 5G。在业界资深专家看来，5G 不仅仅是下一代移动通信网络基础

---

① 一家跨国移动电话运营商。

设施，而且是未来数字世界的使能者，它将实现 1000 亿级别的连接、10Gbps[①] 的速率以及低至 1 毫秒的时延，可以应用于自动驾驶、超高清视频、虚拟现实、万物互联的智能传感器。

时任华为轮值 CEO 的徐直军在接受媒体采访时坦言："现阶段的 5G 仍处于研究定义阶段，对于行业而言，5G 不仅仅是提升基础通信，更是连接人与人、物与物、人与物，成为未来数字世界的使能者。"

在徐直军看来，未来的 5G，不仅打破人与机器之间的移动通信壁垒，同时还让科幻般的生活梦想变成现实。

为了领跑 5G，华为加大马力，同时还巨资投入在 5G 上。不仅如此，华为还在基础研究阶段通过自身的努力来推动全球 5G 的进程。

值得欣慰的是，华为早已在 5G 创新领域取得了重大进展。按照华为的整体规划，到 2018 年，华为将开始部署 5G 的实验网络，到 2020 年，华为就可以部署 5G 商用网络。

谁参与制定的 5G 标准被认可，谁就会在未来 5G 时代拥有话语权

在 5G 时代，用户的牙刷不仅仅是用来刷牙的，有可能会实时显示出用户口腔的健康指数，并把相关数据传送到指定的口腔医生那里，真正地做到维护口腔健康。这样的变化足以说明，5G 离我们越来越近。从全球通信业技术发展的周期来分析，5G 应用的速度比 4G 来得更加迅

---

① 即交换宽带。

猛，因为像华为、爱立信这类全球数一数二的无线通信技术引领者已经在5G领域的较量中悄然行动。

时任爱立信CEO卫翰思（Hans Vestberg）在接受媒体采访时说道："5G预计到2020年才可商用，但爱立信已经在研发该技术，并与全球不同的5G研发组织合作，与客户、学术界和其他设备商一起合作，希望开发一个统一的5G标准。"

在这场竞争中，时任华为轮值CEO的胡厚崑在MWC[①]会上大谈5G："2G、3G时代华为是个追赶者，4G时代实现了与国外巨头齐头并进，而在5G时代华为将力争成为全球的引领者。"由此可见，华为对5G的重视程度。

华为与爱立信在5G领域的较量，除了较量技术外，核心的问题是制定标准。在很多论坛上，企业家们甚至把"一流的公司做标准，二流的公司做品牌，三流的公司做产品"作为口头禅，可以肯定地说，只有控制标准，才能占领市场的制高点。

在标准未制定之前，中国、欧盟、日本以及美国的研究机构和团体都普遍预测2020年将是5G商用的时间节点，但是迄今为止，5G尚未形成一种成型的技术或标准。2013年2月，欧盟宣布，将拨款5000万欧元，加快5G移动技术的发展，计划到2020年推出成熟的标准。

2013年5月13日，韩国三星电子有限公司宣布，已成功开发5G的核心技术，这一技术预计将于2020年开始推向商业化。该技术可在28GHz[②]超高频段以每秒1Gbps以上的速度传送数据，且最长传送距离

---

① Mobile World Congress 的缩写，即世界移动通信大会。
② 频率的单位，即赫兹，简称赫。

可达 2 公里。

这组数据足以说明，5G 的概念虽然很模糊但依然成为华为、爱立信等技术型企业竞争、较量的核心。参与标准制定、掌握专利所有权一直是爱立信等海外企业一项规模非常大的业务，特别是前几代网络和移动设备的大部分知识产权都在其手中。

这就为华为 5G 标准的制定提升了难度，当此次华为加入开发 5G 网络的竞赛，就不能仅仅局限在自家实验室内，还必须在行业层面与运营商，甚至是竞争者开展协作。

胡厚崑在世界移动通信大会期间就谈到了协作的事情："过去一家主导的标准在 5G 时代并不适用，需要各行业进行广泛的合作并展开对话，通过跨行业的沟通与合作，更好地理解不同行业应用对 5G 通信网络的需求，尤其是那些具有共性的需求，才能更好地定义 5G 的标准，用各个行业的应用需求，促进 5G 的技术创新。"

其后，华为就高调宣布与日本最大的移动服务供应商 NTT DOCOMO 签署协议，在中国和日本开展 5G 的外场联合测试，共同验证新空口基础关键技术；携手英国萨里大学 5G 创新中心 5GIC，宣布启动世界首个 5G 通信技术测试床；与俄罗斯电信运营商 MegaFon 签署协议，提前在 2018 年建设 5G 试验网。

不仅如此，华为还投入巨资研发 5G 网络。华为宣布，将在 2018 年前至少投资 6 亿美元用于 5G 技术研究与创新。

面对华为在 5G 网络的投入，爱立信也在积极地奔跑。究其原因，一贯在标准制定上扮演引领角色的爱立信自然不会轻易把机会留给华为。

据悉，爱立信为了更好地推动 5G 的标准化和商用化发展，同样在全球与研究机构、运营商、厂商等产业链各个环节进行深入合作——

爱立信与 IBM 开展 5G 相控阵天线的设计，致力于使网络的数据传输速率较现在提升多个数量级；爱立信与中国信息通信研究院签署谅解备忘录，双方将联合在 5G 领域展开研究和开发；爱立信宣布启动"瑞典 5G"研究项目，将围绕 5G，与多个重要的行业合作伙伴、重点大学以及研究机构展开合作，共同引领数字化的发展。

在爱立信前 CEO 卫翰思看来，爱立信作为移动宽带网络领域的领导者，毋庸置疑地希望在 5G 时代到来时，能继续巩固爱立信作为第一移动宽带网络供应商的地位。与此同时，越来越多国家、运营商和设备商也加入了 5G 战局。中兴通信近期提出了 Pre 5G 概念，即可将 5G 中的部分技术直接应用到 4G 中来，甚至可以不需要改变空中接口标准，直接采用 4G 终端就可以实现。这样就使用户能够提前得到类似于 5G 的用户体验。

国际电联目前尚未启动 5G 标准评估工作，各国和各组织提交的技术标准仍在搜集当中。这意味着谁参与制定的 5G 标准被认可，谁就会在未来 5G 时代拥有话语权。这就是华为与爱立信都纷纷研发 5G 的原因，因为这不仅仅是一场较量，而是标准之争。

第三节　鲜花插在牛粪上，在继承的基础上创新

在很多企业内部培训中，一些员工总是在探讨一个非常古老而有

趣的话题——为什么"鲜花"又插在了"牛粪"上？在这些员工眼中，总是看到很多漂亮、高挑的女同事嫁给了"薪水不多""身高又不高""家庭又不富裕"的"三不牛粪男"。

这些员工总是很困惑，甚至是不理解，这个世界到底怎么了？其实，答案很简单。在"鲜花"看来，"牛粪能给鲜花养分，使鲜花开得更美更艳"。很多企业，由于资源（资金、人才、技术积累等）限制，在创新时，要尽可能地切合企业的实际发展。如华为曾在创新的道路上，盲目地学习与跟随西方公司，有过很多的教训。所以任正非曾在多次讲话中提到，华为长期坚持的战略，是基于"鲜花插在牛粪上"的战略，是从不离开传统去盲目创新，是基于原有的存在去开放、去创新。"鲜花"长好后，又成为新的"牛粪"。华为要永远基于存在的基础上去创新。[1]

"鲜花"插在"牛粪"上的战略逻辑

可能读者不明白华为基于存在的基础上怎样去创新，在第二期品管圈（QCC）活动汇报暨颁奖大会上，任正非对"基于存在的基础上去创新"做了详细的介绍：

大家也很明确，华为的通信产品技术事实上好过西门子，

---

[1] 中国企业家编辑部 . 任正非总结华为成功哲学：跳芭蕾的女孩都有一双粗腿 [J]. 中国企业家，2014（10）.

但是为什么西门子没有我们这么多的销售人员，却有跟我们相差不大的销售额？他们产品稳定，问题少呀，而华为公司产品不够稳定，而且中央研究部不大愿意参加 QCC 活动呀。什么叫作客户满意度？客户的基本需求是什么？客户的想法是什么？他把客户的想法未经科学归纳就变成了产品，而对客户的基本需求不予理会，产品自然做不稳定。他盲目地自以为是创新，他认为做点新东西就是创新，我不同意这个看法。

我刚才看了"向日葵"圈，他们就是创新呀，因为把一个不正确的东西，把它不正确率大幅度下降了。他们付出了巨大努力，找到了里面的规律，就是创新。特别是我们研发系统，一个项目经理上台以后，生怕别人分享他的成果，因此就说这个产品的所有东西都是他这个项目组研究的。那我就给中央研究部的干部说一句话：像这样的人不能享受创业与创新奖，不能因为创业、创新就给他提升晋级，而且他不能做项目经理，因为他实在幼稚可笑。

华为公司拥有的资源，你至少要利用到 70% 以上才算创新。每一个新项目下来，就应当是拼积木，只有最后那一点点才是不一样的，大多数基础都是一样的。由于一些人不共享资源地创新，导致我们很多产品进行了大量的重复劳动，根本就不能按期投产，而且投产以后不稳定。

上一次我看了中央研究部有一个组织奖，这一次看来还有一个BOM①（中试水晶）组得奖，所以我想，我们很快要开

---

① Bill of Materials 的缩写，即物料清单。

展什么叫作核心竞争力、什么叫作创业、什么叫作创新的大讨论。我希望每个人都要发言，特别是你们做了小改进的。你光看他搞了一个新东西那不是创新。

我刚才讲了研发系统，有些项目研发的时候连一个简单东西都自己开发，成本很高，他不是创新，他是消耗、浪费了公司的宝贵资源。一个大公司，最体现降低成本的措施就是资源共享。人家已经开发的一个东西我照搬过来装进去就行了，因为没有技术保密问题，也没有专利问题，装进去就行了，然后再适当做一些优化，这样才是真正的创新。那种满脑子大创新的人实在是幼稚可笑的，是没有希望的。

我们非常多的高级干部都在说空话，说话都不落到实处，"上有所好，下必甚焉"，因此产生了更大一批说大话、空话的干部。现在我们就开始考核这些说大话、空话的干部，实践这把尺子，一定能让他们扎扎实实干下去，我相信我们的淘汰机制一定能建立起来。

在这个讲话中，任正非始终在强调创新要坚持传统，基于原有的存在去开放、去创新，而不是去盲目创新。在任正非看来，企业的竞争实质不仅仅是专利技术的竞争，同时还是具体情况具体分析的创新。

任正非是这样解释的："我一贯主张'鲜花是要插在牛粪上'的。我从来不主张凭空创造出一个东西、好高骛远地去规划一个未来看不见的情景，我认为要踩在现有的基础上前进。……世界总有人去创造物理性的转变，创造以后，我们再去确定路线。我们坚持在牛粪上长出鲜花来，那就是一步一步地延伸。我们以通信电源为起步，逐步地扩展开。我们不指望天上掉下林妹妹。"

"新开发量高于 30% 不叫创新，叫浪费！"

在创新这条路上，华为可谓是毫不吝啬的。我们查阅十来年的华为财务报告后发现，研发的占比越来越高。

2008 年，华为公司实际上就已经超越了飞利浦，成为世界专利年度申请数量最多的公司。与任正非比肩的中国企业家教父、联想控股董事长柳传志，公开坦诚自己非常佩服任正非。柳传志曾说道："很多人老拿我跟任正非比，其实我特别佩服任正非，他敢往上走，敢于把力量集中起来，去突破制高点。"

众所周知，大笔投入研发是华为一直沿袭的战略。根据 2016 年年报显示，华为 2016 年实现全球销售收入 5215.74 亿元人民币，同比增长 32%；净利润 370.52 亿元人民币。此外，年报还透露，华为 2016 年研发投入 110 亿美元，合计 763.91 亿元人民币，投入比例达到 14.6%。这也是华为年度研发投入首次超过百亿美元，成为年报的一大亮点。

据公开资料统计数据显示，过去 10 年，华为累计投入 498 亿美元进行研发创新，18 万员工中研发人员占比高达 45%。全球设立了 15 个研究院 / 所、36 个联合创新中心，见表 2–2。

表2-2 2006—2016 年华为研发投入(亿美元)

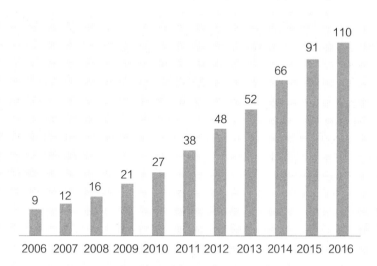

从这组数据可以看到,华为在研发投入上一直都在增加,一直坚持"每年拿出销售收入的 10% 作为研发投入",而在实际的投入上,远高于 10% 的销售额,见表 2-3。

表2-3 2012—2016 年华为销售收入(亿美元)

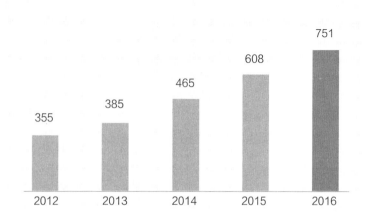

从营收上来分析，华为的增长速度非常健康，从全球 500 强的排名来看，华为的增长较为强劲。面对巨额投入，一些媒体记者就质疑华为研发投入过多，到底值不值。其答案当然是肯定的。

华为轮值 CEO 徐直军在接受媒体采访时坦言："华为没一个领域的研发投资比别人大，智能终端跟苹果、三星比少得可怜，无线领域跟爱立信比也少，在路由器领域跟思科比也少得可怜。但是总数加起来很大。不能把 to B 的研发投资说成 to C 的，把 to C 的研发投资说成 to B 的。"

在全球高科技行业的顶尖公司中，2016 财年的收入规模和各个公司的研发投入规模相比，华为的研发之路依然漫长，见表 2-4。

表 2-4　2016 年各个公司的收入规模和研发投入规模

公司	2016 财年营收（亿美元）	2016 财年研发费用（亿美元）	研发占比
苹果	2170	100	4.60%
三星	1810	140	7.73%
Google	883	120	13.59%
微软	853.2	119	13.95%
IBM	799.19	50	6.26%
华为	751	110	14.65%
Intel	594	121	20.37%
思科	492	62	12.60%
Oralce	370	58	15.68%
Facebook	276.38	48	17.37%
高通	236	55	23.31%
腾讯	220	1.4	0.64%
AWS	100/1360	—	—
阿里云 /阿里集团	1.5/146.52	2.2	1.50%

在上述表中，华为的研发投入还是靠前的。尽管如此，任正非对研发投入的原则却是，推动一切有价值的创新。

在任正非看来，漫无边界的技术创新有可能会误导华为公司的研发战略。2014 年，任正非再次定义了华为的研发方向。

2014 年，任正非在内部讲话中谈道："我们对研究与创新的约束是有边界的，只能聚焦在主航道上，或者略宽一些。产品创新一定要围绕商业需要。对于产品的创新是有约束的，不准胡乱创新。贝尔实验室为什么最后垮了？电子显微镜是贝尔实验室发明的，但它的本职是做通信的，它为了满足科学家的个人愿望就发明了这个电子显微镜。发明后成果丢到外面划不来，于是就成立了电子显微镜的组织作为商业面的承载。所以无边界的技术创新有可能会误导公司战略。我们说做产品的创新不能无边界，研究与创新放得宽一点但也不能无边界。我们要成就的是华为的梦想，不是人类的梦想。所以我们的创新应该是有边界的，不是无边界的。"

在任正非看来，研发部门绝对不能拿"看似富裕"的研发资金去漫无目的地创新。究其原因，华为并不醉心于对最好、最新技术的追求，而是立足为客户提供最有性价比的产品。

任正非之所以坚持这个原则，是因为华为在这方面吃过亏。时任副总裁的宋柳平在接受媒体采访时回忆称，华为最初对"创新的根本内涵"理解也是模糊的，以至于华为早期在追求"纯粹技术创新"的文化引导下，开发的交换机和传输设备遭到了运营商的大量退货和维修要求。因为这些产品过度强调了自主创新，而忽视了通信行业客户的一个基本需求趋势：对已成熟技术的继承，是提高产品稳定性和降低成本的关键。

从那以后，任正非就开始倡导"继承式创新"。在创新中提倡创新，但是却反对盲目创新，即经过理性的借鉴、仿造、拼装都可以被视为创新。即使作为华为中央研究院这样的研发组织，也必须贯彻任正非创新战略要求——"新开发量高于 30% 不叫创新，叫浪费。"

在这样的指导下，研发人员在研发产品时，尽可能地减少自己的发明创造，首先着眼于以往产品的技术成果，以及对外部资源进行合作、交换或购买。

例如，1997 年，天津电信的工作人员提出一个"学生在校园里打电话很困难"的问题，任正非当时紧急指示："这是个金点子，立即响应。"

在任正非的指导下，华为员工用两个月时间就推出了 201 校园卡，得到客户的高度认可（学生是固定电话重度消费者）。其后，该产品很快推向全国。

实际上，201 校园卡只是在交换机原本就有的 200 卡号功能上进行"一点点"的技术创新，最终却获得了 40% 的市场份额。

站在巨人的肩膀上前进，不要过分狭隘地自主创新

在华为的创新战略上，尽管任正非强烈认同"不进行创新的公司必然灭亡"的战略思维，但是却不片面地强调"自主创新"。

在任正非看来，创新应尽可能地"善于站在巨人的肩膀上"，在继承他人优秀成果基础上来开展华为持续的创新。

2006 年，任正非在内部讲话中谈道："不要狭隘地强调自主知识产权，不能狭隘地只用自主开发的套片，要让世界科学技术为我所用；一

切要以市场成功来评价。”

正是基于这样的战略思维，如今的华为才取得令人瞩目的业绩。遥想当初，华为仅仅是千千万万个小小的民营高科技企业之一，而如今的华为早已成长为一个真正意义上的全球性跨国企业。

当然，华为之所以能够取得如此优异的业绩，是因为任正非的“敢于打破自己的既有优势，形成新的优势”的创新思维。

2012 年，任正非在惠州运营商网络 BG 战略务虚会上的讲话及主要讨论发言中说道：

我们会不会被时代抛弃？我们要不要被时代抛弃？这是个很重要的问题。无线电通信是马可尼发明的，蜂窝通信是摩托罗拉发明的，光传输是朗讯发明的，数码相机是柯达发明的……历史上很多东西，往往创始者最后变成了失败者。这些巨头的倒下，说穿了是没有预测到未来，或者是预测到了未来，但舍不得放弃既得利益，没有勇气革自己的命。大公司有自己的优势，但大公司如果不能适应这个时代，瞬间就灰飞烟灭了。

走向新时代的延长线可能不是直线，可能要出现弯曲，就像光也会弯曲一样。过去经济学的一些经典理论，到这个新时代可能也会发生变化，过去的成功模式也要出现弯曲了。在这个拐点的时代，我们怎么去适应？大家要知道，我们公司过去在几次重大战略上可都是犯过错误的：我们曾经是否定宽带的，后来才追赶上来；包括软交换也是重新追赶上来的。华为公司现在这么大的规模，在这个时代的快速变化中，如果我们没有勇气去拥抱未来，是很危险的。

在任正非看来，要想打败竞争对手，作为中国高科技代表的华为，应该演变，但是不要妄谈颠覆性，尤其是要善于站在巨人的肩膀上前进，不要过分狭隘地自主创新。

任正非在 2013 运营商网络 BG 战略务虚会上的讲话及主要讨论发言中说道："作为大企业，首先还是要延续性创新，继续发挥好自己的优势。不要动不动就使用社会时髦语言'颠覆'，小公司容易颠覆性创新，但作为大公司不要轻言颠覆性创新。公司现在也对颠覆性创新积极关注、响应，实际是让自己做好准备，一旦真正出现机会，我们要扑上去抓住机会。"

在任正非看来，小公司容易颠覆性创新，但是对于华为这样的大型企业来说，延续性创新才是最佳的策略。

2015 年，任正非在战略务虚会上的讲话中说道："互联网总是说颠覆性创新，我们要坚持为世界创造价值，为价值而创新。我们还是以关注未来 5 至 10 年的社会需求为主，多数人不要关注太远。我们大多数产品还是重视延续性创新，这条路坚决走；同时允许有一小部分新生力量去从事颠覆性创新，探索性地'胡说八道'，想怎么颠覆都可以，但是要有边界。这种颠覆性创新是开放的，延续性创新可以去不断吸收能量，直到将来颠覆性创新长成大树苗，也可以反向吸收延续性创新的能量。"

第 **3** 章

CHAPTER 3

人才管理哲学：
"人力资源要让'遍地英雄下夕烟'"

CHAPTER 3

　　我认为时代给我们的时间最多两年，如果人力资源政策调整不过来，就会面临大量人才流失。这两年人力资源在改革，进步很大。除了今年改革的部门外，没有改革到的部门还在齐步走。抓住时代变革的转折机会，要重新做出人力资源模型，改变齐步走。这次我要在干部大会上讲，一个人在最佳角色、最佳贡献、最佳贡献时间段，要给他最合理的报酬。不能像我这样，到七八十岁什么都多了，为什么我冲"上甘岭"时不给我多吃一碗面呀！不同角色有不同时间段，不同专业有不同时间段，不同专业的不同角色也有不同时间段。为什么不让最佳贡献的人在冲上"上甘岭"时激励，非要等他老了才给呢？不能给级别，给奖金也行。我们要看到新生事物的成长，看到优秀的存在。

——华为创始人 任正非

第一节　绝不让雷锋式员工吃亏

　　为了激活和留住核心员工，华为尝试了各种各样的方法。任正非说道："你干得好了，多发钱，我们不让'雷锋'吃亏，'雷锋'也要是富裕的，这样人人才想当'雷锋'。"

　　在任正非看来，只有不让"雷锋"吃亏，才能激活和留住核心员工。任正非在内部讲话中谈到，目前华为工资、奖金的分配存在不公平薪酬制度，应强调多劳多得，继续推动干部的循环流动，从而使队伍充满能量。

　　在很多内部讲话中，任正非都把艰苦奋斗植入员工的动员令中。前不久，网上传言华为员工 34 岁就退休，任正非为此回应道："网上传有员工 34 岁要退休，不知谁来给他们支付退休金？我们公司没有退休金，公司是替在职的员工买了社保、医保、意外伤害保险等。你的退休得合乎国家政策。你即使离职了，也得自己去缴费，否则就中断了，国家不承认，你以后就没有养老金了。当然你们也可以问在西藏、玻利维亚等地方的英勇奋斗员工，征集他们愿不愿意为你们提供养老金，因为这些地区的奖金高。他们爬冰卧雪、含辛茹苦，可否分点给你。华为是没有钱的，大家不奋斗就垮了，不可能为不奋斗者支付什么。30 多岁年轻力壮，不努力，光想躺在床上数钱，可能吗？"

在任正非看来，只有艰苦奋斗才能战胜竞争对手，才能锻炼自己的队伍。客观地讲，任正非这样的回应足以说明，在华为，只有艰苦奋斗的员工才能赢得尊重，华为也绝不亏待这些员工。因为任正非认为，绝不让雷锋式员工吃亏。

"不让'雷锋'吃亏，'雷锋'也是要富裕的，这样人人才想当'雷锋'"

2006年，我给M企业做内训时，一个L姓中层干部无意间说道："我们老板经常给我洗脑，要有奉献精神，连出差的机票都不给报销。您是她请来的顾问，能否帮我们提提建议，聊聊报销机票的事情。"

我觉得这个要求较为合理，于是就爽快地答应了。在老板开车送我去机场的途中，我特地谈到这事，这个老板似乎有点吃惊地说："好钢用在刀刃上，现在是发展阶段，不能由着他们的性子来。"

我告诉这位老板，我在出差的飞机上，经常遇到华为的员工坐在我边上，该老板叹气地说："华为是大企业，出得起这份钱。"

不久，L姓中层干部辞职了，自己开始创业，如今10多年过去了，公司规模早已超过前东家。两个月前，他们两人在北京出差，我们小聚时，就谈及此事，两人都尴尬不已。

这样的案例其实举不胜举。与之相反的是，华为却花重金激发华为人的工作激情。任正非在一次内部讲话中说道："为了能团结广大员工一起奋斗，公司创业者和高层领导干部不断地主动稀释自己的股票，以激励更多的人才加入到这从来没有前人做过和我们的先辈从未经历过的艰难事业中来，我们一起追寻着先辈世代繁荣的梦想，背负着民族振兴的希望，一起艰苦跋涉。”

在任正非看来，让更多的员工持有华为的股票，不仅是让这部分华为人对自我归属的认同，更是一种精神的激励。华为这样做，主要还是基于“绝不让雷锋式员工吃亏”的态度。

任正非表示，华为才开始实行获得分享制。现在工资、奖金的分配有可能不公平，可能有些部门分得很多，有些部门分得很少，但是华为慢慢就会摸到合理的线在哪里。任正非强调，华为价值评价标准不要模糊化，要坚持以奋斗者为本，多劳多得。任正非说道：“我们不让‘雷锋’吃亏，‘雷锋’也是要富裕的，这样人人才想当‘雷锋’。”

正是因为不让‘雷锋’吃亏的做法，越来越多的人才加盟华为。当我们回首华为的初创阶段历史时，C&C08 交换机是绕不过去的案例。

事实上，C&C08 交换机的成功研制，奠定了华为后来数年的发展基础。1993 年，C&C08 交换机首次推向市场，迅速成为华为在电信领域的一面旗帜。华为能够取得这样的业绩，与任正非的正确决断和知人善任是分不开的。

公开资料显示，在华为的早期发展阶段，郑宝用和李一男是任正非非常器重的两个人才。他们两个加入华为时，郑宝用是清华的在读博士，而李一男是华中科技大学（时称华中理工大学）的研二学生。

尽管如此，任正非还是给予了郑宝用和李一男足够的信任，正如华为人所言，“不拘一格降人才”。

来自华中科技大学的高材生李一男加入华为，两天后即被提拔为工程师，两周后升为高级工程师。经过半年多的考核，李一男由于工作表现出色，被任命为华为最核心的中央研发部副总经理。

两年后，由于在 C&C08 交换机等项目上做出的突出贡献，李一男被任命为华为中央研发部总裁、公司总工程师。那一年，李一男年仅25 岁。

后来，尽管李一男这位技术天才与华为和任正非之间发生了诸多故事与牵绊，但回忆起当年，李一男不无感叹地说道："在华为有的是信任、挑战、机遇和分享胜利的喜悦。"

这正是任正非给这家公司灌输的一种价值观——"胜则举杯相庆，败则拼死相救。"在任正非看来，如果让"雷锋"吃亏，那么员工要么离职，要么窝工。

华为员工万人年薪百万，千人年入 500 万

在业界，华为的高薪已经成为一个行业标签。根据华为年报显示，2015 年华为员工的人均收入达到了 59 万元人民币，如此高的薪酬着实让其他行业的员工羡慕嫉妒恨。

2015 年，华为的工资、薪金、福利，以及时间单位计划的开支将近 880 亿元人民币，加上离职计划，华为总共支付的薪酬接近 1008 亿元人民币。如果按照当时的 17 万人计算，那么华为员工的人均年薪约为 59 万元人民币（未加净利润分红）。

根据华为的财报数据显示：2016 年华为支付给员工的工资费用为941.79 亿元人民币，除以 18 万名员工，平均每人年薪所得为 52 万元人民币；加上净利润分红 379 亿元人民币，每人 2016 年大概分红得 21 万

元人民币。经过计算得出：2016 年华为 18 万名员工的年均总收入约 73 万元人民币。

大量事实证明，在骨干员工的管理体系中，具有竞争力的薪酬战略是吸引、激励、发展与留住骨干员工的最有力工具。

然而，在长期的管理实践中，由于一些企业经营者缺乏骨干员工管理经验，再加之对骨干员工的管理工作不够重视，使得骨干员工与企业的薪酬矛盾越来越突出。

在这样的背景下，对管理者来说，要想真正地留住骨干员工，就必须提供富有竞争力的薪酬。研究发现，富有竞争力的薪酬制度必须达到三个目的（见表 3-1）。

表 3-1　竞争力薪酬达到的三个目的

序号	目的
（1）	提供具有竞争力的薪酬体系吸引、留住与企业有相同价值观的骨干员工
（2）	合理确定企业内部各岗位的相对价值
（3）	由于薪酬与绩效挂钩，有效地激励骨干员工的工作动机，奖励其优秀的工作业绩，达到激励骨干员工工作激情的目的

从表 3-1 可以看出，要想从根本上吸引和留住骨干员工，就必须提供给骨干员工富有竞争力的薪酬。这主要源于管理者给骨干员工提供的薪酬水平将直接影响骨干员工的工作积极性。然而，一些中国企业经营者却在为人才的流失而愤愤不平。在 2008 年 1 月苏州游戏产业年会上，时任金山董事长求伯君对史玉柱、唐骏、朱骏等人说："我希望有些新进的企业不要再使用非正常化的手段招揽人才。"

而史玉柱却不认可求伯君的说法。史玉柱说："一个公司的开发人才总是留不住，问题出在这个公司本身，好的人才就值好的价格。"

其实，史玉柱的观点还是很正确的。据史玉柱介绍，巨人网络 100 多个骨干中，个个都被猎头约谈过。在华为，被猎头约谈的事情可谓是见怪不怪了。

华为不上市，把利润分给员工

在中国的标杆企业中，华为是一个较为独特的企业，特别是在激励员工方面，任正非的创新做法引领着中国企业的管理模式。

为了激励员工，任正非坚决不让华为上市，而是选择把利润分给员工，甚至把 98.6% 的华为股权开放地分派给员工。而作为创始人的任正非，仅仅拥有华为公司 1.4% 的股权。除了不能表决、出售、拥有股票外，员工可以享受因为华为高速增长带来的分红与股票增值的利润，同时华为还把每年所赚取的净利，近乎百分之百地分配给员工。

例如，2010 年，华为的净利润达到 238 亿元人民币，当时配出了一股 2.98 元人民币的股息。假设一名在华为工作 10 年、绩效优良的资深主管，配股可以高达 40 万股，那么当年就能拿到 119.2 万元人民币的股息。这样的收入，甚至比许多跨国公司的高级经理人还要高一些。

正是任正非的"肯给"激活了华为人的工作热情。时任华为 LTE-TDD[①] 产品线副总裁邱恒说道："我们不像一般领薪水的打工仔，公司营运好不好，到了年底会非常感同身受，你拼命的程度，直接反映在薪资收入上。"

---

① 国内一般称为 TD-LTE，即 Time Divising Long Term Evolution，分时长期演进。

邱恒以自己为例，2009 年，由于次贷危机引发的全球金融海啸，世界经济的整体环境不佳，华为公司的成长幅度无疑不如以往。尽管邱恒的底薪没有变化，但是分红却因为公司成长幅度放缓而跟着缩水。隔年，华为的净利创下历史新高，邱恒的分红较前一年增加了一倍多。

这等于是把华为的公司利益与员工的个人利益紧紧绑在一起。在华为，一个外派非洲的基础工程师如果能帮公司服务好客户，争取到一张订单，年终获得的配股额度、股利以及年终奖金总额，会比一个坐在办公室、但绩效未达标的高级主管还要多。

研究发现，一个刚进入华为公司的本科毕业生，其起薪就比一般的企业要高很多，通常，新员工第一年的月薪为 9000 元，再加上年终奖金，其年薪至少在 15 万元以上。工作两到三年，就具备配股分红资格。在华为，有一种"1+1+1"的说法，具体就是，工资、奖金和分红的收入比例是相同的。随着年资与绩效增长，华为员工的分红与奖金的比例将会大幅地超过基本工资。这样的做法即使在重视员工福利的欧美企业，都十分罕见。

当我们翻阅《华为基本法》时，发现里面明确提出了员工持股问题："我们实行员工持股制度：一方面，普惠认同华为的模范员工，结成公司与员工的利益与命运共同体；另一方面，将不断地使最有责任心与才能的人进入公司的中坚层。"

研究发现，华为实现员工持股，其目的还是为了更好地提升华为的竞争力，这就是华为员工持股计划演变的初衷。不可否认的是，任正非这样做其实是一个摸着石头过河，与顶层设计相结合的过程。在这个过程中，华为员工持股经历了三个阶段：

第一，1990 年——探索阶段。创业初期的任正非，为了提升华为的竞争优势，形成了一种潜意识的、自发形成的分享意愿，这为日后员工持股计划提供了雏形。在当时，任正非没有过多地想要制定制度设计，也不是借鉴世界跨国公司的员工持股计划。

第二，1997 年——规范阶段。基本特征是工会代持。

第三，2001 年——重新设计。虚拟饱和受限股，创始人与工会共持。在此阶段，任正非借鉴了世界 500 强企业员工持股计划的理念与实践，华为开启了员工持股计划顶层设计的引擎。2001 年，华为才真正地实现了能够进入员工持股计划系列中的虚拟受限股，也就是说，如今的华为员工持股计划是从 2001 年真正开始的。在此阶段，华为员工持股计划包含几个关键词：一是虚拟的；二是饱和的，是按照职位评价、职位等级设定了上限；三是受限股，不交易、不转让、不继承。

第二节 "只要过了汶川救灾线，
尿了裤子的也是英雄"

在任正非看来，对于任何一个企业来说，优秀人才是保证其生存和发展的基础。2015 年 3 月，任正非在华为公司的战略务虚会上发表讲话："我们一定要让公司 50% ~ 60% 的人是优秀分子，然后在优秀的种子里再选更优秀的苗；中间分子 20% ~ 30%。让优秀分子来挤压稍微后进的人，这样他们可能也会产生改变。对英雄也不要求全责备，要接受有缺点的美。我曾在汶川抗震救灾的文件批示：'只要过了汶川救灾线，尿了裤子的也是英雄。'一共 427 名，都发了金牌。有一点点成绩的就是英雄，将来才会有千军万马上战场。"

要活下去，就必须宽容"歪瓜裂枣"的异想

在任正非的演讲中，时常提到"歪瓜裂枣"理论。在该理论中，任正非把华为公司里一些"歪才""怪才"即那些绩效不错，但在某些方面不遵从公司规章的人，尤其是一些有着特别个性和习惯的技术专家，比喻成"歪瓜裂枣"。

在华为 2012 实验室座谈会上，海思战略技术规划部副部长的王志敏向任正非提出了一个涉及产业链的问题："您刚才提到的战略攻关是我们非常重要的工作之一。半导体行业的战略攻关与后端生产制造非常相关，同时亚太区半导体的产业环境也在完善，在这个特殊的时期和阶段，我们公司是否会把半导体产业基础做得更加稳固？"

针对王志敏提出的问题，任正非是这样回答的：

我讲第一点，我们不能为了获取这个体系的利益而去做半导体产业。半导体的生产是化学问题和物理问题，不是我们的优势，我们的优势就是数据逻辑，就是在软件、电路设计上

的数学逻辑。我们即使做了个工厂，做个12英寸①，外面做16英寸的，就把我们抛弃了。我们在制造行业，是不可能持续领先的。

第二点，我们一定要耐得住寂寞，板凳要坐十年冷，特别是基础研究。在20世纪五六十年代的电影演员是没啥钱的，我曾经听过在20世纪80年代初期，我们国内顶级的明星刘欢、王刚等从北京到太原的演唱会，走一次穴赚20元。但是怎么能说中华民族的文化他们就没有贡献呢？我们去俄罗斯的最大感受是什么？就是普希金、屠格涅夫、托尔斯泰等这些人，俄罗斯的文化、文明，俄罗斯是文化大国，它的文化对整个区域都产生了影响。

任正非补充说道：

这两天看王国维的纪录片，王国维是鲁迅先生骂的"不齿于人类的狗屎堆"，今天回过头看这个人的哲学思想是很伟大的。当年张之洞去开矿山、办工厂，李鸿章搞洋务的时候，王国维说："振兴中华要靠哲学。"但是，他还是被抛进历史的垃圾堆，作为清华大学教授，最后投湖自尽，自杀了。中国有两个痛苦的灵魂，以前说最痛苦的灵魂是鲁迅，现在往前走一步，王国维也是中国最痛苦的灵魂。王国维讲哲学才能改变中国，今天来看确实是这样的。英国、美国、日本、法国、德

---

① 英美制长度单位，1英寸合2.54厘米。

国及整个欧洲社会，他们在哲学体系上搞清楚了，他们国家几百年没有动乱过。

而我们的政策一会儿左，一会儿右，就是从上到下我们在价值观上没有统一，哲学观点没有统一。今天重新纪念王国维是源于王国维这句话，是因为他对中国洋务运动的批判，中国应该先搞哲学，来改造人们的思想，国家才能有新的机制和体制产生，王国维以前是一个"不齿于人类的狗屎堆"，现在我们觉得他是很伟大的。

还有一个伟大的人是李鸿章，李鸿章也是"不齿于人民的狗屎堆"，是中国最大的"卖国者"，不仅自己"卖国"，他去和日本谈判签《马关条约》的时候把儿子也带去了，让儿子也参与了《马关条约》的签订。但是今天重新来看历史，重新来看《血色黄昏》，李鸿章是中华民族伟大的英雄，以后大家会重新去理解这个结论。所以不要为一时半时有没有光荣和功勋去计较，为千秋万代、中华民族要做出历史贡献。

在看待历史问题的时候，特别是做基础科学的人，更多要看到你对未来产生的历史价值和贡献。我们公司要宽容"歪瓜裂枣"的奇思异想，以前一说"歪瓜裂枣"，他们把"裂"写成劣等的"劣"。我说你们搞错了，枣是裂的最甜，瓜是歪的最甜。他们虽然不被大家看好，但我们从战略眼光上看好这些人。

今天我们重新看王国维、李鸿章，实际上他们就是历史的"歪瓜裂枣"。从事基础研究的人，有时候不需要急功近利，所以我们从来不让你们去比论文数量这些东西，就是想让你们能够踏踏实实地做学问。但做得也不够好，为什么说不够好呢，就是我们的价值观也不能完全做到统一，统一的价值观是经过多少代人的磨合才有可能的，现在我们也不能肯定，但是我们尽力去做。

在任正非看来，华为只有宽容"歪瓜裂枣"的奇思异想，才能活下去。正是任正非的包容，才打造了令世界跨国公司都恐惧的华为。可能读者会问，如何合理地评价这些人，让这些"歪瓜裂枣"真正发挥自己的价值并获得与其贡献相符合的回报呢？

《华为管理优化》中提出："作为管理者，要在公司价值观和导向的指引下，基于政策和制度实事求是地去评价一个人，而不能僵化地去执行公司的规章制度。在价值分配方面要敢于为有缺点的奋斗者说话，要抓住贡献这个主要矛盾，不求全责备。"

"理解歪瓜裂枣，允许黑天鹅在咖啡杯中飞起来"

在华为内部，任正非一直都允许异见的存在。如余承东自从 2010 年出任华为消费者 BG CEO 后，其行事相对较为高调，但又常常"出言不逊"，惹得内外风波不断。

在当时，华为手机几乎全线失败，风头正盛的小米手机把华为手机挤压得喘不过气来，这让余承东不堪忍受。为此，余承东坦言："我的痛苦来自反对声，很多不同的异议，很多噪声，压力非常大。"

事实上，在华为内部，余承东曾一度被"禁言"，甚至差点被"下

课"。面对消费者 BG 以及余承东的种种非议，任正非却表现出极强的
宽容度。

在华为内部会议上，任正非讲道：

华为过去是一个封闭的人才金字塔结构，我们已炸开金
字塔尖，开放地吸取"宇宙"能量、加强与全世界科学家的对
话与合作，支持同方向科学家的研究，积极地参加各种国际产
业与标准组织，各种学术讨论，多与能人喝喝咖啡，从思想的
火花中，感知发展方向。有了巨大势能的积累、释放，才能厚
积薄发。

内部对不确定性的研究、验证，正实行多路径、多梯次
的进攻，密集弹药，饱和攻击。蓝军也要实体化。并且，不以
成败论英雄。从失败中提取成功的因子，总结、肯定、表扬，
使探索持续不断。对未来的探索本来就没有"失败"这个名
词。不完美的英雄，也是英雄。

鼓舞人们不断地献身科学，不断地探索，使"失败"的
人才、经验继续留在我们的队伍里，我们会更成熟。我们要理
解"歪瓜裂枣"，允许黑天鹅在我们的咖啡杯中飞起来。创新
本来就有可能成功，也有可能失败。我们也要敢于拥抱颠覆。
鸡蛋从外向内打破是煎蛋，从里面打破飞出来的是孔雀。

现在的时代，科技进步太快，不确定性越来越多，我们
也会从沉浸在产品开发的确定性工作中，加大对不确定性研究
的投入，追赶时代的脚步。我们鼓励我们几十个能力中心的
科学家，数万专家与工程师加强交流，思想碰撞，一杯咖啡

吸收别人的火花与能量，把战略技术研讨会变成一个"罗马广场"，一个开放的科技讨论平台，让思想的火花燃成熊熊大火。公司要具有理想，就要具有在局部范围内抛弃利益计算的精神，重大创新是很难规划出来的。固守成规是最容易的选择，但也会失去大的机会。

我们不仅仅是以内生为主，外引也要更强。我们的俄罗斯数学家，他们乐意做更长期、挑战很大的项目，与我们勤奋的中国人结合起来；日本科学家的精细、法国数学家的浪漫，意大利科学家的忘我工作，英国、比利时科学家领导世界的能力……会使我们胸有成竹地在 2020 年销售收入超过 1500 亿美元。

用什么样的价值观就能塑造什么样的一代青年。蓬生麻中，不扶自直。奋斗，创造价值是一代青年的责任与义务。

我们处在互联网时代，青年的思想比较开放、活跃、自由，我们要引导和教育，也要允许一部分人快乐地度过平凡的一生。

现在华为奋斗在一线的骨干，都是 80 后、90 后，特别是在非洲、中东疫区、战乱地区，阿富汗、也门、叙利亚……80 后、90 后是有希望的一代。近期我们在美国招聘的优秀中国留学生（财务）全部都要求去非洲，去艰苦地区，华为的口号是"先学会管理世界，再学会管理公司"。

我们国家百年振兴中国梦的基础在教育，教育的基础在老师。教育要瞄准未来。未来社会是一个智能社会，不是以一般劳动力为中心的社会，没有文化不能驾驭。若这个时期同时发生资本大规模雇佣"智能机器人"，两极分化会更严重。这时，有可能西方制造业重回低成本，产业将转移回西方，我们将空心化。即使我们实现生产、服务过程智能化，需要的也是高级技师、专家、现代农民……因此，我们要争夺这个机会，就要大规模地培养人。

今天的孩子，就是二三十年后冲锋的博士、硕士、专家、技师、技工、现代农民……代表社会为人类去做出贡献。因此，发展科技的唯一出路在教育，也只有教育。我们要更多关心农村教师与孩子。让教师成为最光荣的职业，成为优秀青年的向往，用最优秀的人去培养更优秀的人。

在任正非看来，只有真正地理解"歪瓜裂枣"，允许黑天鹅在咖啡杯中飞起来，华为才有明天。为此，任正非补充说道："允许异见，就是战略储备！我对自己的批判远比我自己的决定要多。"

话外之意就是：你们一边儿自我批判去，不要老盯着别人的不足，更不要来逼我开掉余承东。任正非的决策显然是正确的，后来，余承东最终成就了华为的终端业务。

可以肯定地说，如果没有任正非当初力排众议的支持和包容，除了余承东下课被贴上"失败者"标签之外，华为手机业务恐怕也仍然是被雾霾笼罩。

如今的华为手机，可谓是斩获不小——2016 年 4 月 15 日，华为 P9 中国上市发布会上，余承东介绍说：华为消费者业务 2016 年全球第一季度销售收入同比增长 61%，智能手机销售收入同比增长 63%；发货量同比增长 44%，智能手机发货量同比增长 62%。

这样的喜人业绩当然离不开任正非的允许异见与管理灰度。2015年，全球智能手机出货量14.23亿部，华为手机全球出货量达到1.04亿部，占比重7.3%。华为消费者BG销售收入达到约199亿美元，在中国市场，GfK①数据显示，华为手机在中国市场份额超过15%，连续多月位居第一。

按照2016年第一季度成绩来预测，华为消费者业务继续保持高速增长，2016年实现300亿美元的销售目标似乎并不太难。在华为，类似的例子还有很多。

英雄不问出处，选人才要不拘一格

在内部讲话中，任正非告诫华为人："将军是战场上打出来的，但有缺点有个性的战士却是未来将军的种子，当领导的一定要学会包容和欣赏。李云龙老犯错误，总是被降级。一是我们上级组织还没有高水平的管理，无法指导和适应有作为的下级；二是我们的基层干部没有适应科学的军事教条和按照程序作战。不按规矩同样打不了大仗。我们把炮火指挥权给听得到炮火的人，同时要让其承担成本和费用，不能瞎开炮、瞎打，这样就不会有李云龙这么多错误，而产生无数的李云龙式的英雄。"

在任正非看来，不仅要宽容员工的缺点，还必须不拘一格用人才。2016年1月，任正非在华为内部市场工作大会上讲话时表示，华为要

---

① 全球五大市场研究公司之一。

不拘一格用人才，让胜利的旗帜高高飘扬。

我们要对各级优秀干部循环赋能，要在责任结果的基础上，大力选拔干部，内生成长永远是我们主要的干部路线。我们要用开放的心胸，引进各种优秀人才，要敢于在他们能发挥作用的方面使用他们。

我们要不拘一格地选拔使用一切优秀分子，不要问他从哪里来，不要问他有何种经历，只要他适合攻击"上甘岭"（各部门、各专业、各类工作……不要误解了只有合同获取才是"上甘岭"）。我们对人才不要求全责备，求全责备人才就选不上来，"完人"也许做不出大贡献。除了道德遵从委员会可以一票否决干部外，对工作中的差错，要宽容，不抢答的干部不一定是好干部。看风使舵，跟人，站队，容易产生机会主义。选拔各级干部要实行少数服从多数的表决制，向上级团队报告应是本团队的集体意见，应告知上级团队的每一个人。私下与上级团队沟通的内容，以纪要形式再向上、下两级团队中沟通。对破格提拔的，推荐人要在两年内承担连带责任。即使道德遵从委员会的一票否决，但否决期只有 6 个月，6 个月后可以重新提名，已改正，不再否决，就可以使用。不要随意否定一个冲锋的干部。我们一定要促使千军万马上战场。

对精英我们不要理解为仅仅是金字塔塔尖的一部分，而是存在于每个阶层、每个类别。有工作的地方，就有精英：有面条精英，还有焊接精英、咖啡精英、支付精英、签证精英、仓库精英……我们的政策要覆盖激励所有精英，形成组织合力，千军万马搞好质量，提高效率，增加效益。

我们要精减非主航道、非战略机会点项目的编制。要千军万马去抢夺战略机会窗开启时期的胜利。我们要的是胜利，不是过程。各主战场的部门，不要排斥其他项目调整进入的骨干，不要借口他们的专业不合适。颠覆往往都是外行干的，年轻人从事的工作往往与他所学的专业无关，颠覆旧中国的是两个医生。在一些战役关键时刻，战略预备队也打光了，常常是卫生兵、炊事员、理发员、警卫员、通信兵等组成的杂牌部队投入进去，是赢得胜利天平的最后一根稻草。各级主管要有全局观，让干部循环流动起来，你不放一些优秀干部走入主战场，让他们失去立功的机会，结果比他们更年轻的人升为将领，他们会真心拥护你吗？你辖区的新生力量没有了晋升机会，他们会拥护你吗？你以为扣住人你就会成功吗？君不知二十多年来，华为走出去多少优秀青年，留下我们这些"傻子"，他们不走有我们这些"傻瓜"的机会吗？他们把胜利的光荣让给了我们，我们不是受到家人表扬了吗？我们既然胸怀世界，就要敢于气吞山河，团结一切你不愿团结的人，反对过你而且又反对了的人，也包括反错了的人。

我们要提高作战队伍的能力，"少将"连长首先必须是少将，他们必须具有管理确定性事情的能力，以及对不确定性事情有清晰的视野与方向感。连队也必须具有师一级的火力。机关的主管，必须有成功的实践经验，而且必须不断循环上战场，为何不可以再有"中将"班长呢？少将上前线，不仅自己贴身现实，而且对年轻苗子的感染力，是非常有力的传帮带。

我们要坚持每年从应届生中招收不少于 5000 ～ 6000 人的新生力量，不让我们的作战梯队有断代的问题。“蓬生麻中，不扶自直”，80 后、90 后是有希望的一代，“蚊子龙卷风”“牵手”“被绑匪树立的‘楷模’”……不是一代将星在闪烁吗？

在任正非看来，华为要想生存和发展，就必须不拘一格地选拔使用一切优秀分子。为此，任正非继续讲道：

我们年轻人不仅仅要有血性，也要容许一部分人温情脉脉、工作慢条斯理、执着认真，做好“狈”的工作，“一切为了胜利”是我们共同的心愿。这就是“狼狈”合作的最佳进攻组织。

一切作战主管，关注的是胜利，要把确定性的事权，分给职能部门；一切平台主管，眼睛应是盯着前线，驱使自己的部门，及时、准确提供服务与支持，你们的考核是你们服务事项的结果，前方打了败仗，你也是败将。我们要善于在成功中找到失误，在失败中找到为什么，古人尚有退思堂，我们自己难道就不能总结反思一下吗？失败中也有英雄，主观的失误不要掩埋将士的努力，他们中也有可歌可泣的。

我们各级主管的目标与责任要清晰。责任结果为导向的考核机制，导致内部的机制简单，风气正派，脑袋对着客户的勇士更多。责任结果导向，必然是优秀干部辈出，迎合作风消失。

　　基层干部我们要重视他们的意志力、毅力的培养与选拔，他们努力奋斗，一时成绩不佳，要帮助、辅导；中、高级干部是重视他们的组织能力与协调能力，要学会激活整个组织，充分利用平台，学习别人的经验；高级干部要培养他们的方向感与节奏控制。方向是什么？方向就是面对目标的位置；节奏是什么？审时度势，因势利导，就是灰度。

　　凡是工作得好的，都是分权合理的部门，事无巨细、眉毛胡子一把抓的人就不适合作为主管。

在该讲话中，任正非强调，"我们要不拘一格地选拔使用一切优秀分子，不要问他从哪里来，不要问他有何种经历，只要他适合攻击'上甘岭'（各部门、各专业、各类工作……不要误解了只有合同获取才是'上甘岭'）。我们对人才不要求全责备。求全责备优秀人才就选不上来，'完人'也许做不出大贡献。"

第 **4** 章

危机管理哲学：
"下一个倒下的会不会是华为"

CHAPTER 4

　　公司所有员工是否考虑过，如果有一天，公司销售额下滑、利润下滑甚至破产，我们怎么办？我们公司的太平时间太长了，在和平时期升的官太多了，这也许就是我们的灾难。泰坦尼克号也是在一片欢呼声中出的海。而且我相信，这一天一定会到来。面对这样的未来，我们怎样来处理，我们是不是思考过。我们好多员工盲目自豪，盲目乐观，如果想过的人太少，也许就快来临了。居安思危，不是危言耸听。

——华为创始人 任正非

第一节　"如果有危机，
要如何渡过"

在古代的中国，危机意识较强，使得中华文明引领世界数千年。在《周易·系辞下传》中就谈道："君子安而不忘危，存而不忘亡，治而不忘乱，是以身安而国家可保也。"

这句话的大意是，一个君主在国家安定时不要忘记可能出现的动荡，在兴盛时不要忘记国家可能会灭亡，在国家大治时不要忘记可能出现的祸乱。所以，只有"忧患意识"才能保证国家的安全和发展。

这样的"忧患意识"在华为创始人任正非看来同样适用于公司管理。究其原因，是因为华为自创建之日开始，就不可避免地进入一个不断与危机做斗争的过程，只有做到警觉、能预见、能克服、能战胜危机，华为才可能发展和壮大，否则一旦与竞争对手较量，就会被无情地淘汰。因此，任正非认为，企业遭遇危机，是情理之中的事情，关键是如何渡过危机。

华为业绩最好时刻，
任正非思考的是"万一哪一天冬天来了怎么办"

在华为业绩最好的时刻，任正非却在思考"万一哪一天冬天来了怎么办"。可以肯定地说，任正非这种居安思危的意识，足以让每一个研究者肃然起敬。在《华为的冬天》一文中，任正非是这样告诫华为人的："公司所有员工是否考虑过，如果有一天，公司销售额下滑、利润下滑甚至破产，我们怎么办？我们公司的太平时间太长了，在和平时期升的官太多了，这也许就是我们的灾难。泰坦尼克号也是在一片欢呼声中出的海。而且我相信，这一天一定会到来。面对这样的未来，我们怎样来处理，我们是不是思考过。我们好多员工盲目自豪，盲目乐观，如果想过的人太少，也许就快来临了。居安思危，不是危言耸听。"

在任正非看来，只有时刻居安思危，才能让华为生存并发展下去。成千上万的民营企业之所以"短命"，是因为经营者往往都是小富即安，小富即乱，毫无危机意识可言。

大量事实证明，对于任何一个民营企业老板来说，不管愿不愿意提及，危机都如影随形地潜藏在企业之中，更不可能被否认。

不可否认的是，目前中国大陆地区市场经营环境复杂多变，这使得许多中国企业遭遇一场又一场的危机事件。如全球经济一体化、金融危机导致需求锐减、国内宏观调控增强、银行信贷政策变动，通货膨胀和通货紧缩交替、市场竞争白热化、人民币升值或贬值、退税率上下变动、原材料成本上升、人工成本上升、消费者理性化等。

林林总总的不确定因素都可能使得中国企业遭遇各种经营风险，如融资困难、战略迷失、资本运作困难、人才流失、财务困境、产品质量问题曝光、营销障碍、文化瓶颈、品牌危机、公众和消费者投诉、媒体负面报道、自然和社会因素影响、国际化风险等。因此，从这些危机事件可以看出，中国企业已经进入了一个“危机高发期”，如果民营企业老板不重视危机管理，那么一波又一波的倒闭潮必然将至。

在 2008 年金融危机中，据 2008 年上半年国家统计局公布数据显示，倒闭中小企业 6.8 万家，下半年尤其是第四季度企业生存状况更加恶化。的确，在最近的几年里，许多企业遭遇了种种危机，如政策危机、领导人危机、战略危机、资本危机、人力资源危机、财务危机、产品危机、广告宣传危机、文化危机、品牌危机、信誉危机、公众客户危机、服务危机、媒体危机、自然和社会因素危机、国际化危机等。

在金融危机后时代，由于世界格局发生了较大的变化，这就要求民营企业老板能够从国际金融危机之后，重新去思考定位，尤其是中国大陆地区的后奥运时代、后 WTO 时代等形势的极速变化，在这样一个与国际接轨的新思潮之中要拥有危机意识，从而可以与世界跨国公司在正面战场上进行白刃战。因此，要想在企业竞争丛林里将企业做强做大，树立危机管理意识就成为一个重要的工作。

在华为的发展过程中，任正非多次提及华为的危机。2001 年，任正非在企业内刊上发表了《华为的冬天》。而 2000 年的华为，其销售额达 220 亿元人民币，利润 29 亿元人民币，居中国大陆地区电子百强首位。

其后，任正非在《北国之春》一文中再次把华为解决危机管理的问题聚光在媒体的头版头条中。在公开的任正非内部讲话中，“危机”提及很多次，而“创新”和“变革”却很少提及。

应对金融危机，华为到底有什么方法

2008 年，美国次贷危机引发全球金融危机，使得发达国家整体陷入萧条之中，陷入经济复苏乏力的欧美企业更是感受到生存的艰难，这就使得部分傲慢和自大的欧美传统设备商沦陷在盈亏之间，无奈地挣扎着。

面对金融危机，任正非却理性对待。在内部讲话中，任正非提出了自己的看法：

首先要感谢大家！这两年世界经济在衰退，今天我们之所以还能坐着开会来讨论未来架构，与全体员工做出的很大成绩密不可分。我们不仅要面对过去的历史来总结经验，还要面对今天的现实来确定明天的战略目标。

华为公司这二十一年的发展，基本踩对了鼓点。在世界整体经济大爬坡的时候，我们强调规模化增长，只要有规模，只要有合同，就有可能摊薄我们的变动成本，就一定有利润。当时如果卖高价，客户能买我们的吗？肯定不会。现在这种惯性思维在公司里还是很严重，大家抓订单、抓合同，不管是否是垃圾质量，只要能装到销售额里，就盲目做大做强。在前两年，如果没有我们加强合同质量管理和坚定不移地转变战略目标，坚持以利润为中心，那么今天我们可能不是坐在这里开会，而是让大家回家了。

所以我们这几年制定措施，比如管理服务、终端产品只谈利润不算销售额。我们在控制各项考核指标时，就是在转型，当然我们的预算转型不够，再过一段时间，还会发生一些变化。

同时，在内部讲话中，任正非提出了自己的解决方法。

应对金融危机，我们到底有什么方法？在我个人看来，所谓的金融危机还没有完全爆发，我们社会的改革速度能不能快过危机呢？现在不能肯定。如果说改革速度没有快过危机，当危机爆发的时候，社会这么大的波动，华为怎么办？财务曾算过账，华为公司的现金够吃三个月，那第 91 天时，华为公司如何来渡过危机呢？

第一，各个基础单位一定要有效益，否则公司就没有存活下去的基本条件。前段时间，常务董事会讨论时谈到，我们未来的改革一定要把销售收入、优质交付所产生的贡献作为基本薪酬包和奖金。在这个时期，我们一定要坚定不移地贯彻干部的末位淘汰制。现在我们强调代表处代表和地区部总裁要实行末位淘汰，大家要比增长效益。

第二，我们一定要坚持从战略贡献中选拔出各级优秀干部。干部获得提拔的充分必要条件：一，要能使所在部门盈利；二，要有战略贡献。如果你不能使这个代表处产生盈利，我们就对你末位淘汰；如果你有盈利，但没有做出战略贡献，我们也不会提拔你。这两者是充分必要条件。现在我们选拔干部，就要慢慢调整结构，从而使之走向更有利于公司的发展方向。

第三，不要在一些非战略机会点上计较，否则局部利益会牵制战略竞争力量。战略机会对我们能开放的时间是 3～5 年，弟兄们从现状说说，你们有没有可能抢占？所以不要说考核残酷。有人说"我还可以"，我们不是仅仅要"可以"，我们对不同干部有不同要求，你们要思考怎么担负得起这个使命来。如果你的销售额及利润做不上去，不是我要拿掉你的官职，你没有利润，薪酬包就被挤小了，不够弟兄们分，在你的领导下，弟兄们都赚不到钱，那不推翻你才怪。你不如真正拿出自己的战斗能力，加强学习，加强对事物的认识，从而找到机会点。

我们现在工资、奖金的分配也有可能不公平，因为我们才刚开始实行获得分享制，可能有些地方分得很多，有些地方分得很少，但是我们慢慢就会摸到合理的线在哪儿。但是因为你没有做好而少分，我不同情你。

正是任正非的居安思危，才让华为渡过了一次又一次的危机。当其他传统设备商惶恐不安时，华为的增长势头却仍然没有减缓的迹象。2008年4月，负责美国市场的高级副总裁查理·陈（Charlie Chen）在美国拉斯维加斯举行的 CTIA① 无线通信展上接受媒体采访时高调地宣称："华为2008年订单销售额计划达到220亿美元，比2007年增长37.5%。"

公开资料显示，华为在2007年接收到的订单销售额为160亿美元，比2006年增长了45%。据查理·陈介绍，华为的增长动力主要依靠国际市场——非洲、亚太、东欧、西欧、中东以及拉美，他们为华为贡献了72%的销售额，大约115亿美元。

从数据上看，华为的增长正在加速。华为2006年订单销售额为

---

① 即美国无线通信和互联网协会。

110 亿美元，其中 65% 来自国际市场，增长率为 34%。华为凭借这样的增长速度，才使得任正非有说出"按照 2007 年销售额计算，华为已经进入了世界 500 强"的底气和豪情。

不过，值得注意的是，由于不是上市公司，华为对外公布的都是订单销售额，而对于设备商来说，订单销售额与实际销售额之间一般还有一定差距。相比之下，华为的主要竞争对手都预计 2008 年的收入增长只能保持个位数。[①]2009 年 4 月 22 日，华为发布 2008 年年报显示：2008 年，华为全球销售收入达 183.3 亿美元，同比增长 42.7%；净利润达 11.5 亿美元，同比增长 20%，净利润率 6.28%。2011 年，在中国大陆地区市场中国交换机品牌关注比例分布中，华为以 16.5% 的品牌关注位居第三，见图 4-1。

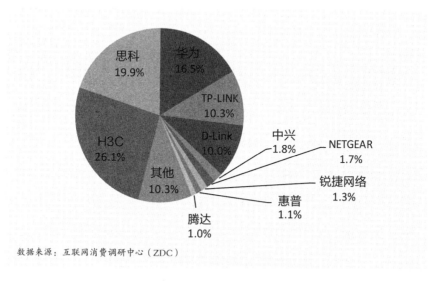

数据来源：互联网消费调研中心（ZDC）

图 4-1 2011 年中国交换机品牌关注比例分布

---

① 马晓芳.任正非称华为已进世界 500 强 销售额 160 亿美元 [N].第一财经日报，2008-04-08.

危机管理不是诚惶诚恐

客观地讲，当媒体铺天盖地热捧时，很多企业家因此沉溺在掌声中，这样容易迷失在捧杀中。回顾华为的发展史，每当华为创造一个又一个神话的时候，作为华为创始人的任正非，总是及时站出来，为华为人在取得一点成就就沾沾自喜时"泼点冷水"，让华为人理性地认识自身的优劣势。

在任正非看来，一个企业经营者缺乏危机意识，那是相当危险的。任正非本人，行事极为低调，很少接受媒体采访，以至于很长一段时间媒体竟然找不到任正非的照片。

当然，任正非远离媒体，其目的是为了保持极度的清醒，避免自己和华为迷失在鲜花和掌声中。

2012 年，在华为的国际咨询会议上，华为一位英国顾问期望任正非展望一下华为今后 10 年与 20 年的远景，任正非脱口而出："20 年以后的华为，我可以告诉你，两个字：'坟墓。'"

任正非的回答让在场的 30 多位华为全球顾问以及华为管理高层大吃一惊。华为的德国顾问戴姆勒——奔驰公司的前高管，对此事的评论是："任先生能这么想，20 年后华为会活得更强大。德国能有今天，就是因为我们总有危机意识，华为跟我们很相像。"

不仅如此，任正非的危机意识逐渐植入华为的文化和作风中。在最近两年，华为手机登顶中国手机市场第一名，这离不开任正非的及时敲打。

在 2014 年年初，华为手机刚取得不错的业绩。此刻，对于很多企业经营者来说，大都是大摆庆功宴，请媒体记者，大谈特谈。然而任正非与之相反，提醒华为人："一部手机赚 30 元，这算什么高科技、高水平？现在赚几亿美元就牛起来了，拿自己的长板去比别人的短板，还沾沾自喜。我希望消费者 BG（手机业务）不要在胜利之后就把自己泡沫化，不要走偏了。……终端没有黏性，量大而质不优，口口相传反而会跌下来。不要着急，慢慢来，别让互联网引起你们'发烧'。"

这些敲打让华为手机团队投入更多的精力在产品和技术上，也成就了今天的惊人业绩——根据华为之前公布的数据，2016 年华为手机的全球销量高达 1.39 亿部，此外，华为旗下的荣耀品牌也已经进入了 74 个国家和地区。

基于此，当媒体以"华为发展过程中强调危机意识，今天你又提到了防止华为泡沫化，华为已经成为一流公司，有没有面临什么危机压力，泡沫化问题有没有体现？"为提纲采访任正非时，他回答：

> 首先，外界都说华为公司是危机管理，就是我刚才所讲的，这是假设，不是危机意识。诚惶诚恐不可能成功。思想家的作用就是假设，只有正确的假设，才有正确的思想；只有正确的思想，才有正确的方向；只有正确的方向，才有正确的理论；只有正确的理论，才有正确的战略……
>
> 我们公司前段时间挺骄傲的，大家以为我们是处在行业领先位置。但是他们用了半年时间做了战略沙盘，才发现在全世界市场的重大机会点我们占不到 10%，弟兄们的优越感就没有了，知道如何努力了。不是危机意识，这就是假设，假设未来的方向。
>
> 为什么我们能行业领先呢？就是我们率先提出"管道"

这个概念，这也是个假设，当时我们还归纳不出大数据这个词。这比别人对管道认识早几年。但我们当时没有把管道归结为大数据，后来演变为大数据。那几年谁愿意做管道呢？"自来水公司"不如阿里、腾讯赚钱。我们现在领先世界一两年，因为早一两年准备了，所以我们的经营效果好，不是机遇，是假设。我是假设个危机来对比华为，而不是制造一种恐慌危机。

作为华为创始人的任正非，无疑是睿智的，在关键时刻给华为提醒，让华为远离自满、自我膨胀这个危险，让华为人心态重新回到起点，寻找自身不足，继续努力和奋进，从而迈向新的辉煌。某种程度上，如果没有任正非的及时提醒、敲打，华为恐怕很难达到现在的高度。

2015年6月6日，浙江企业家步鑫生去世。读者可能不知道，在20世纪80年代，步鑫生的事迹被《人民日报》报道的次数仅次于雷锋同志。

翻阅报刊，在20世纪80年代，步鑫生可是名盛一时的著名经营者、改革先锋，当时用如日中天形容都不为过。他将一个濒临破产的地方小厂做成了全省的一张名片、全国知名企业，成为当时全国各地学习的明星企业，包括各国驻华使节、外媒记者及全国来厂参观者，2个月内去了2万多人次。

面对铺天盖地的报道、采访，作为明星企业家的步鑫生，把主要精力用于应付媒体和观摩团，最终导致经营问题，让本来可以有更大成就的明星企业坠落了。

客观来说，作为一个在改革开放早期推出全面改革，并且形成一系列独特管理方法的企业家，和一个在 1983 年时就已经开始重视品牌意识、广告推广、激励机制的企业家，步鑫生最终的结局确实让人有些惋惜。如果他将主要精力和才华继续放在经营上，没有受到那些干扰和影响，他的成就无疑会更大。

第二节　华为三十年大限快到了，想不死就得新生

在华为的内部讲话中，任正非告诫华为人说道："三十年河西、三十年河东，我们三十年大限快到了。华为公司想不死就得新生，我们的组织、结构、人才……所有一切都要变化。如果不变化，肯定不行。如果我们抛弃这代人，重新找一代人，这是断层，历史证明不可能成功，那么只有把有经验的人改造成新人。我们通过变化，赋予新能量，承前启后，传帮带，使新的东西成长起来。"

在任正非看来，华为要想生存和发展，必须居安思危，必须变革，这样才可能让华为的旗帜高高飘扬。任正非说道："我们每个人最大的忧患意识就是如何做好本职工作。比如中试部一年改了一根线，使产品稳定，降低成本，多么伟大。忧患每时每刻就在我们身边，并不一定要提高到很高层次，产品质量不高，返修率不低就是我们的忧患意识。"

任正非迷惘的背后是华为在"治未病"

在任正非看来，忧患每时每刻就在我们身边。任正非经常把忧患意识贯穿到经营管理中，特别是在一些内部讲话中，常常把事前控制的忧患意识比喻为"扁鹊大哥"。

提及"扁鹊大哥"，还得从《扁鹊见蔡桓公》这个小故事说起：

扁鹊见蔡桓公，立有间，扁鹊曰："君有疾在腠理，不治将恐深。"桓侯曰："寡人无疾。"扁鹊出，桓侯曰："医之好治不病以为功！"

居十日，扁鹊复见，曰："君之病在肌肤，不治将益深。"桓侯不应。扁鹊出，桓侯又不悦。

居十日，扁鹊复见，曰："君之病在肠胃，不治将益深。"桓侯又不应。扁鹊出，桓侯又不悦。

居十日，扁鹊望桓侯而还走。桓侯故使人问之，扁鹊曰："疾在腠理，汤熨之所及也；在肌肤，针石之所及也；在肠胃，火齐之所及也；在骨髓，司命之所属，无奈何也。今在骨髓，臣是以无请也。"

居五日，桓侯体痛，使人索扁鹊，已逃秦矣。桓侯遂死。

蔡桓公的死就是一个典型的危机事件，"危机管理人才"扁鹊在蔡桓公死前30天已经告知该危机事件，而蔡桓公却置之不理，甚至还说："医生喜欢给没有病的人治病，把治好病作为自己的功劳！"

当危机事件慢慢发酵后，扁鹊以"君之病在肌肤，不治将益深""君之病在肠胃，不治将益深"将危机事件的严重性告知蔡桓公，蔡桓公的态度是不悦。

当扁鹊以"疾在腠理，汤熨之所及也；在肌肤，针石之所及也；在肠胃，火齐之所及也；在骨髓，司命之所属，无奈何也。今在骨髓，臣是以无请也"告知蔡桓公时，居然还没有引起足够的重视，让危机事件扩散到不可收拾的地步，最终以蔡桓公的死亡结束了这场危机。

在中国医史上，扁鹊不仅给贫民看病，也给王公贵族看病。秦武王在与武士们举行举鼎比赛的过程中，由于伤了腰部，疼痛难忍，服用太医李醯开的汤药，却不见好转，甚至还更加严重。

谋士将神医扁鹊来到秦国的信息禀告了武王。于是，武王传令扁鹊入宫。当扁鹊看了武王的病情后，按了按他的脉搏，用力在他的腰间推拿了数次，又让武王自己活动几下。

在扁鹊医治之后，武王立刻感觉好了很多。扁鹊又给武王开了一剂汤药，其病状就完全消失。武王大喜，想封扁鹊为太医令。

当扁鹊的名声传播出去之后，魏文王本想夸赞扁鹊，却故意问扁鹊说："你们兄弟三人，都精于医术，不知道哪一位的医术最好呢？"

扁鹊答曰："大哥医术最好，二哥医术次之，我医术最差。"

文王再问："那么为什么你的医术最出名呢？"

扁鹊答曰："大哥治病，通常是病情发作之前。由于患者不知道自己病情未发作就被治愈，所以大哥的名气无法传播出去；二哥治病，通常是治病于病情之初，患者通常以为二哥只能医治一些轻微的小病，所以二哥的名气只局限在本乡里。而我治病，主要是在病人病情严重时。患者都看到我在经脉上穿刺，用针放血或动大手术等，所以以为我的医术高明，名气因此响遍全国。"

在今天，我们只知道扁鹊，不知道扁鹊的两个哥哥，这或许是我们不重视危机意识的一个体现。不过从这个小故事中我们可以得出一些启示：对于任何一个危机事件来说，不管开始时扩散范围是大是小，事后危机应对不如事中控制，事中控制不如事前控制。为了提升华为的竞争力，任正非为此提出了三个方法：

第一，战略预备队是最重要的转换中介，我们要高度重视战略预备队的建设，我建议成立战略预备队指导委员会。我可以担任指导员，三个轮值CEO做委员，李杰也是委员，和华大一样的做法。工作直接向我汇报。华大是教学交付平台；战略预备队是能力交付平台；HR是任职交付平台，是互相协同的。战略预备队整个体系不只是市场，也包括研发、财经、管理、供应等所有体系。要有效运作，需要有一个强有力的组织。我们要转换，把优秀的干部组织输送出来，进行面向未来的训战结合，建立适应作战方法的能力，把他们再送到一线，要重新参加作战。

第二，未来我们能否通过人工智能来解决大量网络服务问题，这是不是改朝换代？即使改朝换代也不能随便抛弃老员工，他们有资历、有资格。如果光有知识，没资历、没经验，能领导得了这个组织吗？领导不了。所以战略预备队就是要在业务转折过程中，"转人磨芯"，磨砺人、转换人、筛选人，经过训战仍跟不上公司发展的人就淘汰了，跟得上的人就升官了。我们要的是胜利，不是要每个人成功，不是对每个人负无限责任，给每个人公平的机会进步。要实现未来新的一代改朝换代，要看到预备队的战略地位和重要性。

第三，战略预备队聚焦未来公司新的结构和运作方式，主要目的是结构改革。你们上网去看一看华北大学，因为解放战争胜利太快了，为了接管全中国，毛泽东集中了两万营团干部在石家庄建立华北大学，校长吴玉章，是辛亥革命元老，副校长是成仿吾、林伯渠，他们都是后来的国家领导人，很厉害的。这些营团干部完成训练就分配工作，接管全中国。我们正在进行一场比较大的组织结构改革，我们也需要两万营团干部啊，当然希望一万是将军。

在这三个方面，任正非着手组织、结构、人才的变革。究其原因，在华为，忧患和质量控制意识被任正非时常提及。任正非在秘书座谈会上的讲话谈道："谈到忧患意识，我认为不同层次人考虑的东西不尽相同。就比如960万平方公里装在国家领导的肚子里就不沉，可是装在我们肚子里就很沉。所以说我们每个人最大的忧患意识就是如何做好本职工作。……不同岗位、不同层次的人工作内容不同，需要了解的也不一样。总之，精力应该放在搞好工作中，去空抱着那些虚无缥缈的所谓的远大理想是错误的，做好本职工作最重要，这也是华为文化之一。华为公司不管社会上怎么攻击我们，我们从不解释，因为我们没有工夫，我们的重心是建设自己。"

"如果我们管理不抓上去，面临这么快速的发展，就会陷入瘫痪"

在危机事件中，任正非强调，防范要重于应对。在华为的发展壮大过程中，任正非浓厚的危机意识让华为的发展较为顺利。在《悼念杨琳》一文中，任正非写道："1997年是我们市场极其艰苦的一年，我们积蓄了十年的力量，在中国全面争取与外国公司平等的机会。但是外国公司力量的巨大，我们还没有充分的估计。公司产品已多元化，我们的经营还未多元化，新的增长点长期长不大。由于市场总额的增大，我们服务体系的建设还跟不上，服务水平相对落后。公司全体干部服务意识距离国际接轨还很远。为了跟上大时代的步伐，对于那些服务意识、市场意识、质量意识不强烈的正职，我们希望他们辞职。"

在遭遇发展困境时，任正非坦言："市场部在抓组织改革的同时，要加强管理，依靠管理降低成本。向管理要效益，要对外国通信巨头的竞争有充分的思想准备与组织适应准备。不屈不挠地改进管理。要加强售后服务队伍的建设，全面地推行规范化的工程管理。今年将全面开始ISO9000在营销系统中的贯彻，分层结构的大市场组织已经落实，为使之运转并具有活力，我们必须全力以赴，对不负责的人，要调换岗位。如果我们管理不抓上去，面临这么快速的发展，就会陷入瘫痪。"①

在任正非看来，当企业快速发展时，解决企业存在的某些问题就是首要任务。在《悼念杨琳》一文中，任正非还写道：

---

① 任正非.自强不息，荣辱与共，促进管理的进步——在机关干部下基层，走与生产实践相结合道路欢送会上的讲话[N].华为人报，1997-04-10.

今年我们的研究经费将增至 4 亿元（人民币），同时要大大地武装中试系统，加大对预研的投入，继续集中精力打歼灭战，把有前途的产品快速推向市场。

深化科研管理的改革，进一步完善分层结构目标管理的组织形式。加强总体技术办的力量，强化科研立项管理和项目过程监控的阶段评审的中央集权力量。融合产品战略办向总体办传递的项目立项协调与合作。放开对项目组的具体管理，让项目组在资源共享共创的基础上，充满活力。加强项目组内部的管理与协调力度，加强项目组之间的相互协调、互相配合，产生管理的源动力。

在混沌中去寻找战略方向，抓住从混沌已凝结成机会点的战略机会，迅速转向预研的立项。逐步聚集资源、人力、物力进行项目研究，集中优势兵力一举完成参数研究，同时转入商品性能研究。在严格的中试阶段，紧紧抓住工艺设计、容差设计、测试能力，使成果更加突出商品特性。我们要以产品为中心，以商品化为导向，打破部门之间、专业之间的界限，组织技术、工艺、测试等各方面参与的一体化研发队伍，优化人力、物力、财力配置，发挥团队集体攻关的优势，一举完成产品功能与性能的研究。紧紧抓住试生产的过程控制与管理，培养一大批工程专家。进一步强化产品的可生产性、可销售性研究试验。为产品研究人员进行中试提供多种筛子，使产品经理受到真枪实弹的考验。没有中试、生产与技术支援经验的人，将逐步不能担任大型开发的管理职务。从难、从严、从实战出发，在百般挑剔中完成小批量试生产。在大批量的投入生产之后，严格地跟踪用户服务，用一两年时间观察产品的质量与技术状况，完善一个新产品诞生的全过程。将来研究系统的高级干部，一定要经过全过程的锻炼成长。

在华为的潜在危机中，任正非都尽可能地通过事前控制来防范危机，从而保证了华为的正常运营。在《悼念杨琳》一文中，任正非从多个角度阐释了防范要重于应对的危机管理思维。

众所周知，在企业经营中，危机管理极具综合性，涉及产品研发、质量控制、媒体推广、人员管理、流程管理等多个方面，绝不仅仅是企业管理那么简单。当然，在所有的危机管理中，最好的危机管理方式就是重在防范。

在《能工巧匠是我们企业的宝贵财富》一文中，任正非坦言，公司的每一位员工，都要有强烈的责任感和危机意识。他写道：

> 有人说：我是打工的，我拿这份工资，对得起我自己。我认为这也是好员工，但是他不能当组长，不能当干部，不能管三个人以上的事情，因为他的责任心还不够。打工，也要负责任，在生产线出现的一个很小的错误，如果当场解决，浪费的财产可能是一块钱；当我们把这个机器装到现场的时候，造成的损失至少是一千块钱。间接损失包括社会影响、包括客户对我们的不信任，这个损失绝不是一千倍可以衡量的。这也损失了你涨工资的可能空间，因为利润已转化为费用，拿什么来提升。
>
> 公司总的来说，是希望不断地提高员工的收入，使员工的收入能够更好地进行家庭建设。但是钱从哪儿来呢，只有从

提高效益中来。要按照公司总的增幅、总的利润的增长和降低成本目标来定出工资总额。所以如果我们利润不能再增长，我们收入也就不能再增长。只有大家提高自己的效益，使自己的工作有效性和质量达到一个高标准，才有可能把大家的待遇提到一个高标准。因此我认为企业是要根据自己的效益来不断提高，去改善员工的生活。

由于市场和产品已经发生了结构上的大改变，现在有一些人员已经不能适应这种改变了，我们要把一些人裁掉，换一批人。因此每一个员工都要调整自己，尽快适应公司的发展，使自己跟上公司的步伐，不被淘汰。只要你是一个很勤劳、认真负责的员工，我们都会想办法帮你调整工作岗位，不让你被辞退，我们还在尽可能的情况下保护你。但是我们认为这种保护的能力已经越来越弱了，虽然从华为公司总的形势来看还是好的，但入关的钟声已经敲响，再把公司当成天堂，我们根本就不可能活下去。因为没有人来保护我们在市场上是常胜将军。

每一个能工巧匠要模范地遵守流程，严格按规范来操作。任何改进必须经过周密策划，只有经过策划的尝试，失败不应受到指责。那种盲目将助焊剂任意不经实验就大规模采用，随意将烘烤温度从 100（摄氏）度提升到 200（摄氏）度，不是一种认真负责的行为。

在华为公司，像谭耀飞所做的事应该是每一个员工都可以做的，而且做完以后都是普普通通的，但是他在生产系统却受到了打击，这个打击说明我们的员工还有太平思想，认为公司幸福无边，没有必要管这件事，浪费一点又不影响我。竞争的硝烟已经存在了，所以如果我们再姑息一切不正确的员工，我们何以能生存下去？

在应对危机的过程中，需要制定一套完善的危机预警方案，首先要确定什么是危机，不能草木皆兵。美国危机管理机构（ICM）对危机的界定是：对企业的正常活动造成重大干扰，并且由此导致媒体大量的负面报道，引起公众广泛关注，进而造成政府干预，产生法律纠纷，造成财产损失。[①]

对此，英特尔前任总裁兼首席执行官安迪·格鲁夫在接受媒体采访时坦言："危机如同SARS病毒一样，预防与控制是成本最低、最简便的方法，但它常常被忽视。优秀的企业安渡危机，平庸的企业在危机中消亡，只有伟大的企业在危机中发展自己。"

第三节　"10多年来，我天天思考的都是失败，是危机感"

"居安思危"一直是任正非讲话中极为重要的一个部分，不论是

---

① 郭惠民. 危机管理 重在防范 [N]. 中国信息报，2006-10-11.

《华为的红旗还能打多久》《华为的冬天》，还是《华为要做追上特斯拉的大乌龟》，强烈的危机感一直贯穿其中。而这种危机感的产生，就使得华为内部激发活力，不断迎接挑战，缓解各种各样外部不利因素的影响，最后完好生存下来。①

在中国伟大的企业家中，任正非是一个忧患意识较重的企业家，在华为的发展过程中，任正非浓浓的危机意识渗透在华为的经营管理中，如同任正非所言："10 多年来，我天天思考的都是失败，对成功视而不见，也没有什么荣誉感、自豪感，而是危机感。也许是这样才存活了10 多年，失败这一天一定会到来，大家要准备迎接，这是我从不动摇的看法，这是历史规律。"

正是任正非强烈的危机感让华为在行业竞争中闯过数不胜数的险滩和暗礁；正是任正非浓浓的危机意识，将华为从一家深圳小企业打造为世界网络设备供应商；正是"华为没有成功，只有成长"的居安思危的意识，成为华为变革的推动力。对此，任正非说："因为优秀，所以死亡。创业难，守业难，知难不难。高科技企业以往的成功，往往是失败之母，在这瞬息万变的信息社会，唯有惶者才能生存。"

"华为总会有冬天，准备好棉衣，比不准备好"

我翻阅任正非 10 多年来的讲话发现，在华为的成长过程中，无处

---

① 梁薇薇 . 华为放弃美国被唱衰：是匹饱富乌龟精神的"狼"[N]. 中国产经新闻报，2014-01-16.

不在地体现着任正非的"危机意识"。研究专家晓忆撰文指出："危机意识是一种领导者积聚能量的内心动力，更是一种超前的战略思维，它驱动着整个组织保持对外界刺激的敏感性，保持了一种警惕和临界状态，从而激发了华为这家大公司的活力。"①

北京大学国家发展研究院、北大国际（BiMBA）院长杨壮教授在接受媒体采访时坦言："任正非不断提到华为的冬天，不断提到竞争，危机意识成为优秀企业家的基因。正如微软的比尔·盖茨、三星的李健熙。"

在杨壮看来，华为的成功主要源于任正非的"冬天危机"。根据公开的年报数据显示，2013财年华为实现销售收入2390亿元人民币（约395亿美元），同比增长8.5%，净利润为210亿元人民币（约34.7亿美元），同比增长34.4%。根据之前爱立信公布的年报，2013年爱立信营业收入353亿美元，与2012年基本持平，净利润为19亿美元。根据2013年美国市场研究公司（Infonetics Research）发布的设备供应商领军公司记分卡显示：华为排名第一，紧随其后的是爱立信和思科。

从这组数据可以看出，华为如今已经成为通信行业的巨人。然而，在华为的发展过程中，居安思危的意识已植入华为的每个员工心中。在很多场合下，任正非都用"温水煮青蛙"的悲剧来警示华为的员工。对于温水煮青蛙这个实验，我敢肯定的是，任正非是非常熟知的，也是非常警惕的。

在《北国之春》一文中，任正非是这样开头的：

我曾数百次听过《北国之春》，每一次都热泪盈眶，都为

---

① 晓忆.任正非：华为没有成功，只有成长[J].世界经理人，2013（1）.

其朴实无华的歌词所震撼。《北国之春》原作者的创作之意是歌颂创业者和奋斗者的，而不是当今青年人误认为的一首情歌。

在樱花盛开春光明媚的时节，我们踏上了日本的国土。此次东瀛之行，我们不是来感受异国春天的气息，欣赏漫山遍野的樱花，而是为了来学习度过"冬天"的经验。

一踏上日本国土，给我的第一印象还是与十年前一样宁静、祥和、清洁、富裕与舒适。从偏远的农村，到繁华的大城市，街道还是那样整洁，所到之处还是那样井然有序；人还是那样慈祥、和善、彬彬有礼，脚步还是那样匆匆；从拉面店的服务员，到乡村小旅馆的老太太，从大公司的上班族，到……所有人都这么平和、乐观和敬业，他们是如此地珍惜自己的工作，如此地珍惜为他人服务的机会，工作似乎是他们最高的享受，没有任何躁动、不满与怨气。在我看来，日本仍然是十年前的日本，日本人还是十年前的日本人。

但谁能想到，这十年间日本经受了战后最严寒和最漫长的冬天。正因为现在的所见所闻，是建立在这么长时间的低增长时期的基础上，这使我感受尤深。日本绝大多数企业，近八年没有增加过工资，但社会治安仍然比北欧还好，真是让人赞叹。日本一旦重新起飞，这样的基础一定让它一飞冲天。华为若连续遭遇两个冬天，就不知道华为人是否还会平静，沉着应对，克服困难，期盼春天。

日本从 20 世纪 90 年代初起，连续十年低增长、零增长、负增长……这个冬天太长了。日本企业是如何度过来的？他们遇到了什么困难？有些什么经验？能给我们什么启示？

这是我们赴日访问的目的所在。

华为经历了十年高速发展，能不能长期持续发展，会不会遭遇低增长，甚至是长时间的低增长；企业的结构与管理上存在什么问题；员工在和平时期快速晋升，能否经受得起冬天的严寒；快速发展中的现金流会不会中断，如在江河凝固时，有涓涓细流，不致使企业处于完全停滞……这些都是企业领导人应预先研究的。

华为总会有冬天，准备好棉衣，比不准备好。我们该如何应对华为的冬天？ 这是我们在日本时时思索和讨论的话题。

在任正非的文章中，《北国之春》是任正非危机思维的典型代表作。2004 年 10 月 19 日，任正非出访和考察日本，归国后任正非总结了此次考察的目的。正如任正非所言，此次赴日考察并非为了感受异国春天的气息、欣赏漫山遍野的樱花，而是为了来学习日本度过"冬天"的经验，即便是今时今日仍然具有很大的现实意义。

在内部讲话中，"危机"是任正非提过频率最高的词语。任正非坦言："历史给予华为机会，我们要防微杜渐、居安思危，才能长治久安。如果我们为当前的繁荣、发展所迷惑，看不见各种潜伏着的危机，我们就会像在冷水中不知大难将至的青蛙一样，最后在水深火热中魂归九天。"

当华为取得较好业绩时，清醒的任正非告诫华为人说："华为没有成功，只有成长。"任正非的理由是："由于资金的不平衡，公司一次又一次地面临危机，一次又一次被推到危险的边缘。是谁挽救了公司？是什么神暗中保佑？是集体奋斗之神，是数千员工及家属之魂托起的气场保佑了公司。尤其是在市场部'胜则举杯相庆，败则拼死相救'的工作原则感召下，多少英雄儿女放弃科学家梦，一批又一批地奔赴前线。"

"华为的危机，以及萎缩、破产是一定会到来的。"

纵观华为的发展，危机意识始终融入华为的经营管理之中，北京大学国家发展研究院、北大国际（BiMBA）院长杨壮分析说："任正非富有远见。2001 年，他发表《华为的冬天》讲话时，就意识到华为不能只靠单一、纵深的产品打开市场，华为必须由单一通信产品如交换机、路由器向整个 IT 网络产品供应商转变；在深圳周边的一些电子厂商专注于产品竞争时，华为确认'以客户价值为核心'的增长方式，大手笔投入研发，专注于科技研发和技术领先，改变了华为后来的竞争态势和方向；20 世纪 90 年代末，大多数中国企业在国内市场上进行蓝海竞争的时候，任正非已将华为发展视角放到海外，全面推动华为的国际化。经过十多年的奋斗，华为如今实现了跨国公司版图。华为的转型和领导者的素质有直接关系。"

在杨壮看来，华为的成功转型与任正非的领导素质有着直接关系。华为的发展模式不仅给中国企业经营者树立了一个标杆的榜样，同时也让跨国企业胆战心惊。究其原因，任正非的危机意识不但能提升团队凝聚力和战斗力，同时还可以驱动华为的持续变革和创新。

合众资源企业管理顾问机构董事长刘承元博士撰文指出："在芯片战略上，任正非强调要坚持自主创新，在使用高通、德仪等国外厂商的高端芯片外，华为要自主研发芯片做战略防御之用。华为的做法是后来居上者不得不做的现实选择，即先跟随、后创新、再超越。国际化的竞争局面会有许多意外的情况发生，企业领导层必须时刻警惕着，自己少犯或不犯错误；时刻准备着，等到对手犯错时一招制胜。"

关于华为冬天的讨论并非是在任正非去日本考察之时才有，而是在任正非去会晤时任阿尔卡特董事长瑟奇·谢瑞克（Serge Tchuruk）时就有了。

21世纪初的夏季，时任阿尔卡特董事长瑟奇·谢瑞克在法国波尔多地区自家的葡萄酒庄园里接待了前来参观访问的华为创始人任正非。

经过简单寒暄问好之后，瑟奇·谢瑞克向任正非介绍道："我一生投资了两个企业，一个是阿尔斯通，一个是阿尔卡特。阿尔斯通是做核电的，经营核电企业要稳定得多，无非是煤、电、铀，技术变化不大，竞争也不激烈；但通信行业太残酷了，你根本无法预测明天会发生什么，下个月会发生什么……"

在瑟奇·谢瑞克看来，通信行业犹如丛林法则一样残酷。对此观点，任正非非常赞同。2001年3月，正当华为发展势头良好的时候，任正非在企业内刊上发表了一篇名为《华为的冬天》的文章，这篇力透纸背的文章不仅是对华为的警醒，还适合于整个行业。接下来的互联网泡沫破裂让这篇文章广为流传，"冬天"自此超越季节，成为危机的代名词。①

众所周知，瑟奇·谢瑞克是一位广受企业界尊崇的实业家和投资家，他所创的阿尔斯通和阿尔卡特公司都是世界知名的企业。阿尔卡特是全球电信制造业曾经的标杆企业，尤其在美国2001年互联网泡沫破

① 任正非.华为的冬天[J].竞争力，2010（4）.

裂之后，阿尔卡特与爱立信、诺基亚、西门子这几家欧洲电信企业，并肩成为貌似"坚不可摧"的业界巨擘。欧洲普遍的开放精神不仅快速地培育出几大世界级的电信制造商，而且也造就了一批全球化的电信运营商，英国电信、法国电信、德国电信、西班牙电信、沃达丰……它们不仅在欧洲各国，而且在全世界各大洲都有网络覆盖，而美国、日本以及中国的电信企业，与欧洲同行相比，显然是有距离的。[①]

正如瑟奇·谢瑞克所言，在通信行业，根本无法预测明天会发生什么。爱立信、诺基亚这两个巨头也在经历辉煌之后陨落。

在如此居安思危的管理下，激烈的竞争无疑会使企业不进则退。在 21 世纪的初期，华为正处于艰难的爬坡阶段。作为"领路者"的阿尔卡特的经营者，都感到对未来的困惑与迷惘，这使任正非异常震惊。当任正非结束访问回国后，向华为高层多次复述瑟奇·谢瑞克的观点，并提问：华为的明天在哪里？出路在哪里？

其后，在华为科级以上干部大会上，任正非作了名为《2001 十大管理工作要点》的报告，其讲话内容被加题为《华为的冬天》在各大企业管理者中间广泛传播。许多企业的领军人物如创维的黄宏生、联想的杨元庆以及东软的刘积仁在读到此文后纷纷认为"这篇文章说出了所有干企业的人的感受"。任正非在此文中指出，繁荣的背后是萧条，我们在春天与夏天要念着冬天的问题。居安思危，不是危言耸听。这是总裁与员工共同准备冬天的经典范例。[②]

在该文中，任正非坦言："华为的危机，以及萎缩、破产是一定会

---

① 田涛，吴春波.下一个倒下的会不会是华为 [M].北京：中信出版社，2012.
② 蓝维维.从任正非的《华为的冬天》看企业人文管理 [N].南方都市报，2002-01-28.

到来的。"他说："现在是春天吧，但冬天已经不远了，我们在春天与夏天要念着冬天的问题。IT 业的冬天对别的公司来说不一定是冬天，而对华为可能是冬天。华为的冬天可能来得更冷一些。我们还太嫩，我们公司经过十年的顺利发展没有经历过挫折，不经过挫折就不知道如何走向正确道路。磨难是一笔财富，而我们没有经过磨难，这是我们最大的弱点。我们完全没有适应不发展的心理准备与技能准备。

"危机的到来是不知不觉地，我认为所有的员工都不能站在自己的角度立场想问题。如果说你们没有宽广的胸怀，就不可能正确对待变革。如果你不能正确对待变革，抵制变革，公司就会死亡。在这个过程中，大家一方面要努力地提升自己，一方面要与同志们团结好，提高组织效率，并把自己的好干部送到别的部门去，使自己部下有提升的机会。你减少了编制，避免了裁员、压缩。在改革过程中，很多变革总会触动某些员工的一些利益和矛盾，希望大家不要发牢骚，说怪话，特别是我们的干部要自律，不要传播小道消息。"

在任正非看来，只有居安思危，才能避免温水煮青蛙致死的悲剧。在该文中，任正非断言："沉舟侧畔千帆过，病树前头万木春。网络股的暴跌，必将对两三年后的建设预期产生影响，那时制造业就惯性进入了收缩。眼前的繁荣是前几年网络股大涨的惯性结果。记住一句话：物极必反。这一场网络设备供应的冬天，也会像它热得人们不理解一样，冷得出奇。没有预见，没有预防，就会冻死。那时，谁有棉衣，谁就活下来了。"

在任正非署名的文章《一江春水向东流》中，任正非这样写道：

我不知道我们的路能走多好，这需要全体员工的拥护，以及客户和合作伙伴的理解与支持。我相信由于我的不聪明，引出来的集体奋斗与集体智慧，若能为公司的强大、为祖国、为世界做出一点贡献，二十多年的辛苦就值得了。

我知识的底蕴不够，也并不够聪明，但我容得了优秀的员工与我一起工作，与他们在一起，我也被熏陶得优秀了。他们出类拔萃，夹着我前进，我又没有什么退路，不得不被"绑"着，"架"着往前走，不小心就让他们抬到了峨眉山顶。

我也体会到团结合作的力量。这些年来进步最大的是我，从一个"土民"，被精英们抬成了一个体面的小老头。因为我的性格像海绵一样，善于吸取他们的营养，总结他们的精华，而且大胆地开放输出。

那些人中的精英，在时代的大潮中，更会被众人团结合作抬到喜马拉雅山顶。希腊大力神的母亲是大地，他只要一靠在大地上就力大无穷。我们的大地就是众人和制度，相信制度的力量，会使他们团结合作把公司抬到金顶的。

作为轮值 CEO，他们不再是只关注内部的建设与运作，同时，也要放眼外部，放眼世界，要自己适应外部环境的运作，趋利避害。我们伸出头去，看见我们现在是处在一个多变的世界，风暴与骄阳，和煦的春光与万丈深渊并存着。

我们无法准确预测未来，仍要大胆拥抱未来。面对潮起潮落，即使公司大幅度萎缩，我们不仅要淡定，也要矢志不移地继续推动组织朝向长期价值贡献的方向去改革。要改革，更要开放。要去除成功的惰性与思维的惯性对队伍的影响，也不能躺在过去荣耀的延长线上，只要我们能不断地激活队伍，我们就有希望。

历史的灾难经常是周而复始的，人们的贪婪，从未因灾难改变过，过高的杠杆比，推动经济的泡沫化，总会破灭。我们唯有把握更清晰的方向，更努力地工作，任何投机总会要还账的。

经济越来越不可控，如果金融危机进一步延伸爆炸，货币急剧贬值，外部社会动荡，我们会独善其身吗？我们有能力挽救自己吗？我们行驶的航船，员工会像韩国人卖掉金首饰救国家一样，给我们集资买油吗？历史没有终结，繁荣会永恒吗？

我们既要有信心，也不要盲目相信未来，历史的灾难，都是我们的前车之鉴。我们对未来的无知是无法解决的问题，但我们可以通过归纳找到方向，并使自己处在合理组织结构及优良的进取状态，以此来预防未来。死亡是会到来的，这是历史规律，我们的责任是应不断延长我们的生命。

千古兴亡多少事，一江春水向东流，流过太平洋，流过印度洋……不回头。

从任正非的文章中，我们依然能看出其较强的危机意识。在企业经营中，不断变动的竞争环境使得危机无处不在。因此，一旦中小民营企业老板觉察不到危机的存在，这其实是企业正处于最大的危机环境中。

正如孟子所云"生于忧患，死于安乐"。对于任何一个中小企业而言，如果像温水中的那只青蛙一样，对企业生存、竞争环境的变化浑然不觉，一旦危机事件爆发，便无力应对危机事件，结果就是被市场所淘汰。

"华为公司若不想消亡，就一定要有世界领先的概念。我们只有瞄准业界最佳才有生存的余地。"

研究发现，任正非浓厚的危机意识，不仅保证了华为没有遭遇滑铁卢，同时也是基于对华为未来的战略思考。合众资源企业管理顾问机构董事长刘承元博士在接受媒体采访时高度评价了任正非的危机意识："任正非在决策中的危机意识绝非泛泛而谈的危机意识，而是基于对未来先见和洞察之上的战略思考。任正非在最新的 2012 实验室谈话中，指出华为的优势是管道，终端基本不存在优势，就是一种危机意识的体现。他同时指出在华为技术平台的构建中，芯片和终端操作系统是技术创新头脑风暴的焦点。这是华为审时度势的一个战略选择。"

"对华为来说，要与国际超一流企业共舞，没有核心技术不行，否则就将受制于人，所以要做芯片；没有广泛的客户支持也不行，有市场才是硬道理，所以要做终端。尽管我们还不能断定华为一定能够通过新的思维模式打破现在的局面，但是华为开始尝试挑战这种局面本身就是一种巨大的进步。"

刘承元博士的评价是非常客观的，该观点得到了韬睿惠悦人力资本咨询华南区总经理高原博士的高度认可，高原博士曾在华为人力资源管理岗位任职多年，对任正非的危机意识有近距离的感受。高原博士说："任正非的危机感随着企业发展的不同阶段，呈现不同的层次。在华为刚创立、公司规模比较小的时候，任正非说，我每天考虑的是华为如何活下去。所有的经营都围绕这个展开，聚焦于人才、产品、资金链等问题。华为做大之后，任正非反复倡导打造开放、包容、公共的平台。他在 2012 年的谈话里提到华为不能闭门搞研发，一定要开放、吸收别人的优势，只做自己核心的产品和技术，创新围绕人类的价值来开展。"

在多年前，华为刚刚跻身中国大陆地区电子百强首位时，可能一些经营者看到这样的业绩，绝对会举杯相庆。然而，任正非却嗅到了华为的冬天。在获得喜人业绩之后，任正非带领华为人开拓海外市场。正是这样的危机意识，使得10年后的华为，其海外收入已占到总销售收入的75%，已经位于世界通信业的第二位。取得这样的业绩时，任正非同样充满忧患意识："华为公司若不想消亡，就一定要有世界领先的概念。我们只有瞄准业界最佳才有生存的余地。"

不可否认，华为之所以在动荡的市场环境中能够漂亮地实现对竞争对手的弯道超越，是因为在任正非超前的危机意识下，还没有爆发危机时，已经提前做好准备。任正非说道："华为二十几年都只做一件事，就是坚持管道战略。人只要把仅有的一点优势发挥好了就行了，咬定青山不放松，一步一步就叫步步高。"

事实证明，一个没有危机意识的民营企业，必定是一个没有希望的企业；一个没有危机感的民族，必定是一个没有希望的民族；一个缺乏批判和再造勇气的民营企业老板，必定是一个孤芳自赏、刚愎自用的企业老板而已。

对此，万通控股董事长冯仑告诫企业家说："民营企业领导应该深刻地理解死亡，不要回避这件事，在活着的时候，做好公司制度的继承安排，也做好个人身后事的安排。这样，任何时候，车祸、疾病什么的都不能使你的企业和家人受到不必要的困扰。作为一个民营企业领导人，你每天都要有危机意识，要清楚地知道你快不行的时候谁会来救你。只有每天不断把这个问题想好，才能够给自己的企业架设一个安全的未来通途。"

在冯仑看来，危机意识是保证企业生存和发展的有效手段。正因为如此，在华为的发展中、任正非的管理视野里总是充满冬天。在第一阶段的八年冬天里，华为的销售收入从 152 亿元人民币增加到 802.5 亿元人民币，华为的增长势头较为迅猛；即使在国际通信市场上，华为与世界上最大的通信设备供应商们同台竞技，也毫不逊色。

在这样的背景下，面对有利于华为的大好形势，任正非却再一次警告华为人说冬天要来了：

"冬天也是可爱的，并不是可恨的。我们如果不经过一个冬天，我们的队伍一直飘飘然是非常危险的，华为千万不能骄傲。所以，冬天并不可怕。我们是能够度得过去的。"

可以这样说，任正非具有居安思危的意识，是中国企业家不可多得的典范。这足以说明任正非对华为发展的忧虑。任正非认为，华为的第四次危机随时可能到来，华为的红旗到底能打多久无疑是横亘在任正非面前的不得不思考的问题。

第 **5** 章

战略管理哲学：
"要聚焦、要盈利，不要盲目铺开摊子"

CHAPTER 5

如果大量资本进入华为，结果是什么？一定是多元化，这会摧毁华为20多年来还没有完全理顺的管理。我们今天这么聚焦在通信产业上，管理还做不到端到端打通，多元化管理我们更不适应。我们一定要在5～10年内使自己无生命的管理体系赶上西方最优秀的公司，就得聚焦，少点繁杂。其实，即使不多元化，我们也没有资金困难。如果变革的速度太快，就有可能失去自己的所有积累，所以我们决心不进资本市场，不搞多元化。如果我们的发展不需要太大规模，怎么会出现资金短缺的问题呢？

——华为创始人 任正非

第一节 "将永不进入信息服务业"

我在研究中外百年家族企业时发现，这些家族企业之所以能够成为百年企业，是因为这些创始人始终坚持"稳健发展，绝不冒进"的经营策略，无论企业由谁来掌舵，这样的策略始终在维护企业的发展和壮大。

为了让华为活下去，在《华为基本法》开篇，核心价值观第二条是这样阐释的："为了使华为成为世界一流的设备供应商，我们将永不进入信息服务业。通过无依赖的市场压力传递，使内部机制永远处于激活状态。"

"永不进入"不仅是拒绝诱惑的具体表现，同时也是保证华为这个企业能够生存和发展的关键所在。在华为内部，任正非曾对员工做了一个叫《企业不能穿上红舞鞋》的演讲。任正非坦言，红舞鞋虽然很诱人，就像电信产品之外的利润，但是企业一旦穿上它就脱不了，只能在它的带动下不停地舞蹈，直至死亡。任正非以此告诫华为的所有员工："要经受其他领域丰厚利润的诱惑，不要穿'红舞鞋'，要做老老实实种庄稼的农民。"

任正非的管理思维中，经常把一些管理模式比喻为种庄稼。任正非总说："华为要松土、翻新，种子是我们自己种的，外部请来的专家、引进的流程就像投射进的阳光，如果我们离开这片田地，能从外面捡回来玉米，但也许最开始播下的种子就死了。"

只进攻一个"城墙口"

媒体和研究者在洋洋洒洒地谈论华为的成功时，是否想过任正非多年只进攻一个"城墙口"的孤独与寂寞？是否想过如巨浪般的房地产热和股票热对艰难发展的初创时期的华为有多少诱惑力？是否想过任正非摒弃"贸工技"而"荡尽家产"进行"技工贸"战略转型时的抉择心情？我们反复研究任正非多年只进攻一个"城墙口"的战略思维，以便为中国4500万企业经营者提供一个相对客观、可以借鉴的战略案例。

众所周知，华为的成功，离不开华为的专注战略。任正非曾讲道："华为坚定不移28年只对准通信领域这个'城墙口'冲锋。我们成长起来后，坚持只做一件事，在一个方面做大。华为只有几十人的时候就对着一个'城墙口'进攻，几百人、几万人的时候也是对着这个'城墙口'进攻，现在十几万人还是对着这个'城墙口'冲锋。密集炮火，饱和攻击。每年1000多亿元人民币的'弹药量'炮轰这个'城墙口'，研发近600亿元人民币，市场服务500亿元到600亿元人民币，最终在大数据传送上我们领先了世界。引领世界后，我们倡导建立世界大秩序，建立一个开放、共赢的架构，有利于世界成千上万家企业一同建设信息社会。"

究其原因，只有专注才能做到更专业，只有专注才更有竞争力。在中国企业中，华为的高速成长极好地诠释了"专注制胜"的成功秘诀。

众所周知，作为中国的高新技术企业，不论从研发、产品创新还是整个公司运营，华为已然成为国际化经营的典范。

华为从创立起就只专注在通信领域。华为把所有的"鸡蛋"全部投入到一个"篮子"里，没有给自己第二条路，更没有退路。

"多元化"也曾像"上帝的苹果"一样诱惑着华为。尤其是近 10 年来，房地产、金融市场异常火热，众多的企业趋之若鹜。很多本与房地产毫无关联的企业按捺不住心中的热情，纷纷涉足，而且强势跟进，全面拉长战线。

面对如此多的诱惑，作为华为创始人的任正非，在关键时刻做出了坚持只做一件事的决策，把自己擅长的事情做好，华为人相信只要战略充分聚焦，战略资源充分集中，就一定会成功。

时过境迁，华为如今依然在蓬勃发展，而那些整天强调多元化的企业经过多年的折腾之后，终成"竹篮打水一场空"。

可以肯定地说，华为之所以能有今天，与任正非多年来的心无旁骛有着直接的关系。在任正非看来，专注才是推动华为快速发展的一种强大力量。

"一个西瓜切成八块，我只要一块"

与一部分中国企业热衷多元化和跨界不同，华为更注重向纵深发展，通过专业化的经营，赢得胜利。任正非为此说道："一个西瓜切成八块，我只要一块。"

在此基础上，任正非用他这种"针尖式生存"与"乌龟精神"，让华为厚积薄发，成就了今日的壮大。而那些依靠多元化抢占市场的企业，在遭受市场萎缩与竞争激烈之后，往往发展停滞或倒闭，因为他们没有专业技术上的竞争力。

《南方日报》在采访任正非时提出一个问题："钱伯斯曾说过，私人控股公司在未来5年内87%都将遭遇重大资金短缺问题，只有约10%能够从中恢复元气。外界认为这话是说给您听的，您怎么看待？"

面对这个问题，任正非说道："如果大量资本进入华为，结果是什么？一定是多元化，这会摧毁华为20多年来还没有完全理顺的管理。我们今天这么聚焦在通信产业上，管理还做不到端到端打通，多元化管理我们更不适应。我们一定要在5～10年内使自己无生命的管理体系赶上西方最优秀的公司，就得聚焦，少点繁杂。其实，即使不多元化，我们也没有资金困难。如果变革的速度太快，就有可能失去自己的所有积累，所以我们决心不进资本市场，不搞多元化。如果我们的发展不需要太大规模，怎么会出现资金短缺的问题呢？"

在任正非看来，只有专注才能更好地发展。在中央电视台《新闻联播》播出的新闻中，任正非仅仅用48秒，200余字就戳中了每一个中国企业家的内心，内容如下：

我们今天是得到了未来方向的指引，我们认为我们未来发展会更好一些，为什么一会儿鼓掌一会儿又鼓掌一会儿再鼓掌，所以大家肯定都是很高兴嘛，要不怎么会鼓掌。

我最主要还是对这个大国的精神感到兴奋，我认为这些东西，会对国家未来几十年产生巨大的影响。

中国现在又冒出来很多企业，其实也跟华为一样，也是专心致志做一件事的。

一个人一辈子能做成一件事，已经很不简单了，为什么？

中国 13 亿人民，我们这几个把豆腐磨好，磨成好豆腐，你那几个企业好好去发豆芽，把豆芽做好！

我们 13 亿人每个人做好一件事，拼起来我们就是伟大祖国呀！

大量事实证明，很多企业"成也多元化，败也多元化"。很多企业在进行多元化经营时，偏离了原有的专业领域，盲目扩张，结果陷入经营困境。

世界最大的乐器厂商雅马哈（YAMAHA）是最典型的一个例子。除制造乐器以外，它还多元化经营，涉及整体厨房、休闲娱乐、滑雪和网球，以及半导体、薄膜磁头等多个领域和行业。然而，毫无边界的多元化经营导致了 1999 年度和 2000 年度连续的赤字。最终，雅马哈重回本行才扭转了局势。

有学者撰文指出："经过比较分析，我们发现多元化公司的失败，很多都败在业务层面的多元化上。很多公司的多元化发展，就是利用公司原有的人力物力进入新的行业，例如让船长直接去当机长，结果业务不精、运作成本太高，问题迭出。多元化成功的关键，并不在于技术和金钱，而在于不断改革管理体制。"

第二节 "不要总想着做第一、第二、第三"

在镀金时代的今天，为了追逐利润最大化，有的企业盲目引资，竟然造假上市，其铤而走险的程度令人吃惊；有的企业贪大求全，总是拿企业的未来做赌注，急功近利；有的企业决策者心态浮躁、目光短视，缺少对企业长远的战略构想和通盘设计，更热衷于投机赚快钱……

面对许多经营者追逐利润最大化的做法时，任正非显得忧心忡忡。在很多内部讲话中，任正非强调，华为不是考虑如何实现利润最大化，而是考虑企业怎么活下去。任正非的做法与中国很多企业大相径庭。任正非说道："不要总想着做第一、第二、第三，不要抢登山头，不要有赌博心理，喜马拉雅山山顶寒冷得很，不容易活下来。华为的最低和最高战略都是如何活下来，你活得比别人长久，你就是成功者。"

"我现在想的不是企业如何去实现利润最大化，而是考虑企业怎么活下去"

在当下这个镀金时代，潜藏在机会下的冒进无处不在，这就需要企业经营者冷静地对待机会。我们经常看到一些创业者总是在大书特书其战略目标，甚至有创业者提出三五年进入世界 500 强的规划。

2008 年金融危机发生后，扩大内需成为拉动中国经济的一驾马车，面对中国 13 亿人口的市场，一些创业者纷纷扩大规模，都在抢占这一潜力巨大的市场，过去某些品牌企业曾犯过的错误，一些创业者正在重蹈覆辙。

在这些创业者看来，13 亿人口的市场足可以大展宏图，因此也不问市场，不做足够的调查，买地买设备，大规模扩充产能 ①。

殊不知，创业者这样做可能会使企业发展面临隐患，因为对于任何一个小公司而言，活下来和挣钱比几年之内进入世界 500 强要重要得多。如果企业都不能生存和发展，进入世界 500 强无疑就是白日做梦。对此，华为创始人任正非经常在各种场合反复地强调："我现在想的不是企业如何去实现利润最大化，而是考虑企业怎么活下去，如何提高企业的核心竞争力。"

在任正非看来，活下去比实现利润最大化重要得多，因为只有企业活下去，才可能谈提高企业的核心竞争力。任正非的忧虑是很有前瞻性的。 成千上万的企业经营者因为好高骛远，不是提出进入世界 500 强，就是提出三年做成"中国沃尔玛"……结果就倒在追求这些宏伟目标的途中。客观地讲，如果不根据企业的实际状况制定合理的近期和长远目标，坚持适合企业自身发展的文化理念和经营管理理念，这样好大喜功无疑是自寻死路。

在这个充满诱惑的商业世界里，面对诸多机会，谁也不能否认这其中的吸引力。不过，尽管这些机会充满着无限的诱惑，但是在这个弱肉强食的企业丛林里，特别是在风云变幻的市场环境中，能够保持专注、耐得住寂寞就显得尤为重要。

在华为的内部讲话中，任正非多次提及"红舞鞋"的故事。在这个

---

① 门窗幕墙企业存隐患 切忌盲目扩大规模 [N]. 中国建材报，2011-08-09.

故事中，我们的确看到了很多不受理性控制的因素，在企业成长和发展的道路上，"红舞鞋"的诱惑随处可见。要想真正地抵制种种诱惑并不为其所乱，的确是一件非常不容易的事情。

很多企业家每天也同样面临着类似于"红舞鞋"的诱惑。而且问题的复杂性还在于，"红舞鞋"往往是披着冠冕堂皇的外衣，或是伴随着高昂澎湃的激情，甚至是在有如泰山压顶般的力量之下，被推到企业家面前。穿还是不穿？如果对自己的使命和责任没有极为清醒的认识和极为坚定的信仰，如果没有独立的思维和行动能力，企业家们要对"红舞鞋"果断说出一个"不"字，很难！①

改革开放后，转型期的中国遍地都是机会，获取利润的最大化几乎成为中国第一代企业家的一个共同特性。然而，很多企业因为盲目地追逐利润最大化，结果难逃倒闭的命运。

"当初是因为我们幼稚，做起了通信产品，只不过回不了头而已。"

在创业之初，华为仅仅是一家贸易公司而已，只有"十几个人，七八条枪"，华为既无产品，又无雄厚的资本，凭借自己狼性的思维在中外大型企业的铁壁合围中最终杀出了一条血路，脱颖而出。

据媒体报道，在创业初期，华为最响亮的口号竟然是"胜则举杯相庆，败则拼死相救"。从这个口号中不难看出，对于任正非而言，华为

---

① 陈培根.企业不可穿上"红舞鞋"[J].商界评论，2006（1）.

能够活下来，就是自己的胜利。尽管这样的胜利没有多大实际意义，但是要想实现实业报国，就必须先壮大自身。

谁也无法否认，对于任何一个创业者而言，这是一个允满诱惑的世界。当然，要想将创业企业做大做强，抵制住诱惑无疑是最困难的。据公开资料的统计数据显示，中国企业的平均寿命不到 2.9 年，每年倒闭 100 万家以上。2010 年中国中小企业平均寿命 3.7 岁，欧洲和日本为 12.5 岁，美国为 8.2 岁。①

众所周知，创业艰难，不断地有冒险赴死的人走向"玻璃门"，被撞得头破血流；陷入"弹簧门"，被弹进死亡谷。注册、注销，扔进去的是创业资金，带出来的是一身创痕和"一地鸡毛"。②

这样的现状无疑印证了华为活下来的艰难，创业初期的华为尤其艰难。在任正非看来，只有宁慢毋急，才能取得"西经"。不过任正非坦言，华为今天取得的成功，机遇要远远大于其本身的素质与本领。

许许多多的创业者都热衷做大做强，似乎没有这样的雄心就可能被认为是小富即安。然而，在任正非看来，活下去才是最重要的。1987 年，任正非创办华为，而今华为在电信设备制造市场上不仅呼风唤雨，而且一举成为中国最富创新活力的公司。当初的华为，其注册资本仅为 2 万元，而今已经实现 2013 财年 2390 亿元人民币（约 395 亿美元）的销售收入。而创造这个业绩背后的核心推动者，依然是华为沉默的任正非。

今天的华为在一片高歌声中，在出色的业绩之外，这家电信设备商总是通过一些文本来加深人们对它、对任正非的敬意。比如前些年开国

---

① 田涛，吴春波 . 下一个倒下的会不会是华为 [M]. 北京：中信出版社，2012.
② 田涛，吴春波 . 下一个倒下的会不会是华为 [M]. 北京：中信出版社，2012.

内企业法之先河的《华为基本法》，前段时间在企业界流传甚广的《华为的冬天》，乃至于后来任正非陆续撰写的《北国之春》和《回忆我的父亲母亲》，都被企业中人士当成范本一样在网上搜索、研读。[①]

《中国企业家》为此发表评论文章说，人们对任正非总是能摸准产业脉动的战略判断能力表示强烈的佩服，他就像他说的"狼"一样，对市场近于"血腥"的利润或者"血腥"式的寒冷都能提前嗅到。不管是他当年倾其初期财富积累下的8000万元投入到大型程控交换机的研发上，还是他在业界率先做出"冬天"的预言。[②]

不过，从《华为基本法》中能显而易见得到答案："高层重大决策从贤不从众，真理往往掌握在少数人手里。"任正非说："当初是因为我们幼稚，做起了通信产品，只不过回不了头而已。"

第三节　华为扩张的边界：
　　　　上不碰应用，下不碰数据

在华为的边界问题上，时任华为企业业务 BG CEO 的徐文伟坦言：

① 中国企业家编辑部 . 任正非（华为公司）：还会封闭多久 [J]. 中国企业家，2001（12）.
② 中国企业家编辑部 . 任正非（华为公司）：还会封闭多久 [J]. 中国企业家，2001（12）.

"边界不清楚的话，客户怎么敢把数据放在云上呢？"

为此，华为在云服务方面主推混合云，徐文伟解释说："华为向上不做应用，是因为各个行业和企业应用业务不一样，华为的特长也不在这里；向下不碰数据，是因为数据属于用户，华为不会将用户的数据转换成自己的收益。"

徐文伟的解释旨在向外传达华为的边界。2015 年 7 月，当华为推出公有云业务后，一些合作者认为，华为的公有云将与运营商展开直接竞争。在徐直军看来，与电信运营商合作运营才是最理想的选择，华为独立地发展云服务绝对不是最优选择。

徐直军在接受媒体采访时坦言："运营商有广泛的机房、带宽资源和品牌，而华为有云计算全套软件和硬件解决方案。希望能够与运营商合作起来，与以互联网为主的云计算服务商竞争。"

因此，当华为推出公有云业务后，优先选择与运营商合作。如 2015 年 6 月，华为与德国电信正式宣布公有云战略合作；2015 年 8 月，华为与中国电信集团正式签署了云计算以及大数据战略合作协议。

时任华为技术有限公司 IT 产品线总裁郑叶坦言："在和德国电信合作上，华为提供所有软件和硬件包括存储和服务器，德国电信提供机房和带宽。而且华为和德国电信会一起定义产品、定义客户群。"

"目前取得了一些胜利，但也要聚焦，要盈利，不要盲目铺开摊子"

任正非在 2013 年轮值 CEO 的新年献词中坦言："'聚焦战略，简化管理，提高效益'，彰示了我们新一年的目标。我们就是要聚焦在自己的优势中央，充分发扬组织的才干，以及在主航道上释放员工的客观能动性与发明力，从而产生较大的效益。"

在任正非看来，战略聚焦不仅让华为有效地配置资源，而且还可以让华为持续、快速、高效地发展。因为，对于任何一家企业不管是跨国公司，还是初创企业，都会因为资源不够用而不得不拓展市场。在拓展市场的过程中，资金、人才等战略资源就匮乏了。为此，"现代管理之父"彼得·德鲁克坦言："没有一家企业可以做所有的事情，即使有足够的钱，它也永远不会有足够的人才。"

在彼得·德鲁克看来，只有战略聚焦，才能有效地配置企业的各种战略资源。在企业管理中，企业经营者如果设定聚焦点，自然可以把有限的资源整合起来，从而产生一股巨大的推力。经测算，普通的产品生产者，如果其利润是15%，那么，一个专业化生产的产品，它的边际利润通常可以达到60% ~ 70%。专业化不仅提高了企业参与竞争的优势，把大部分竞争对手挡在门槛外，还大幅度降低了成本。①

在任正非看来，如果华为人能坚持"力出一孔，利出一孔"，"下一个倒下的就不会是华为"；如果发散了"力出一孔，利出一孔"的原则，"下一个倒下的也许可能就是华为"。历史上的大企业，一旦过了拐点，进入下滑通道，很少有回头重整成功的。因此，华为若不甘倒下，那么华为人就要克己复礼，团结一心，努力奋斗。

20世纪80年代初的中国，由于中国政府实施了改革开放政策，潜力巨大的商业机会遍地都是。可以这样说，在中国大陆地区，从来不缺

---

① 王永德. 狼性管理在华为 [M]. 武汉：武汉大学出版社，2010.

机会。在这样的情况下，专注和能够抵制诱惑就成为一个企业的战略抉择。

一直以来，实施多元化扩张，还是坚持专业化突破，这样的抉择始终在困扰着中国企业家。一些中小企业经历过高速的发展之后，企业达到一定规模，就不得不重新审视企业的发展战略，也就不得不面临这个最为头痛、最具争议的抉择。

尽管这样的抉择仍在继续，不过，多元化的成功概率本身就比较低。研究机构提供的相关数据显示，通过对 412 家企业样本进行分析，从回报率来说，专业化的经营方式远优于多元化的经营方式。

这样的结论告诫中国企业家们，并不是所有的企业都可以复制美国通用电器的多元化辉煌。巨人集团创始人史玉柱在多元化失败后反省道："失败的企业都有一个共同特点，就是没能抵挡住诱惑，战线拉得过长，以致最后出了问题。"

后来，史玉柱为了东山再起去请教三株创始人吴炳新，吴炳新就告诫史玉柱多元化的机会太多，"天底下黄金铺地，哪个人能够全得？"。

任正非认为："企业业务白手创业，目前取得了一些胜利，但也要聚焦，要盈利，不要盲目铺开摊子。"

在内部讲话中任正非告诫华为人：

> 胡厚崑的那篇文章已经在网上了，我们贯彻的是获取分享制，就是说你不能老从爹妈这里拿钱，这样是不能持久的。你们白手创业，过去几年时间已经走过了极端困难的道路，未来发展走向了比较正确的、比较好的路，你们经历了这种磨难，承担了这么大的压力，也锻炼了很多优秀干部。爸爸妈妈扶植

孩子走向市场，不可能扶一辈子，爸爸妈妈要死得早一点，所以历史上从来都是父母不宠爱的孩子，才是最有出息的。公司实际上把你们当成小狐狸，把你们扔在企业业务这个沙漠里面了，活下来就是英雄，活不下来我们就把这块业务关掉。刚好你们这些小狐狸都活下来了，而且还有很多成为老狐狸。

我并不指望企业业务迅猛地发展，你们提口号要超越谁，我不感兴趣。我觉得谁也不需要超越，就是要超过自己的肚皮，一定要吃饱，你现在肚皮都没有吃饱，你怎么超越别人。我认为企业业务不需要追求立刻做大做强，还是要做扎实，赚到钱，谁活到最后，谁就活得最好。华为在这个世界上并不是什么了不起的公司，其实就是我们坚持活下来，别人死了，我们就强大了。所以现在我还是认为不要盲目做大，盲目铺开，要聚焦在少量有价值的客户、少量有竞争力的产品上，在这几个点上取得突破。好比在战争中，我这个师是负责主攻任务，就是要炸开城墙，那么打进城也就是前进四百米左右，这个师已经消耗得差不多了，接着后面还有两个师，然后就攻进去了，从前进400米到1000米、2000米左右，接着下来再突进三个师，攻城是这么攻的。所以我们在"作战"面上不需要展开的那么宽，还是要聚焦，取得突破。当你们突破一个点的时候，这个胜利产生的榜样作用和示范作用是巨大的，这个点在同一个行业复制，你可能会有数倍的利润。所以说我们要踏踏实实沿着有价值的点撕开口子，而不要刚撕开两个口子，就急忙调转精力到另外一个口子，这样的话就和成吉思汗、希特勒没什么两样，你们想占领全世界，分兵多路，最后就必然是死亡。我还是要强调，企业业务目前取得了一些胜利，但不要盲目铺开摊子作战。还是要聚焦在一定的行业与一定的产品范围内，越是在胜利的时候，越别盲目行动。我原来也讲过，你们中国业务区实现了盈利，我允许你们拿一半的利润去开拓市场，去做新市场的补贴、开拓，但是要开拓有希望的市场，而不是送到最困难的地方去。

任正非的看法是很有见地的，因为将有限的资源聚焦在某一范围之内，可以有效地发展和壮大企业的规模。任正非说："总的来说，我认为拳头握紧才有力量，分散是没有力量的。你们要考虑清楚怎么去突破，怎么去占领的问题，不要来问我要怎么办，我就看你能盈利多少钱。"

"如果华为能坚持'力出一孔，利出一孔'，下一个倒下的就不会是华为"

在华为，任正非多次强调了聚焦战略的重要性。任正非为此曾说："大家都知道水和空气是世界上最温柔的东西，因此人们常常赞美水性、轻风。但大家又都知道，火箭可是空气推动的，火箭燃烧后的高速气体，通过一个叫拉法尔喷管的小孔，扩散出来的气流，产生巨大的推力，可以把人类推向宇宙。像美人一样的水，一旦在高压下从一个小孔中喷出来，就可以用于切割钢板。可见力出一孔，其威力之大。华为15万人的能量如果在一个单孔里去努力，大家的利益都在这个单孔里去获取，如果能坚持'力出一孔，利出一孔'，下一个倒下的就不会是华为。"

在任正非看来，只有集中兵力，才能保证华为能够活下来，特别是在创业初期。在 2013 年轮值 CEO 的新年献词中，任正非告诫华为人：

"我们的聚焦战略，就是要提高在某一方面的世界竞争力，从而证明不需求什么背景，也可以进入世界强手之列。同时，我们还坚持'利出一孔'的准绳。EMT①宣言，就是标明我们从最高层到所有执行层的全部支出，只能来源于华为的工资、奖励、分红及其他，不允许有其他额外的支出。从组织上、制度上，堵住了从最高层到执行层的团体谋私利与经过关联买卖的孔，杜绝了掏空团体利益的行为。

"20 多年来我们基本是'利出一孔'的，15 万员工团结奋斗。我们在管理上还有许多缺陷，也正在努力改良，相信我们的人力资源政策会在'利出一孔'的准绳下，越做越自信，员工越做干劲越大。

"假设我们能坚持'力出一孔，利出一孔'，'下一个倒下的就不会是华为'；假设我们脱离了'力出一孔，利出一孔'的准绳，'下一个倒下的也许就是华为'。历史上很多大企业，一旦过了拐点，进入下滑通道，就很少有回头重整成功的。我们不甘倒下，那么我们就要克己复礼，众志一心，努力团结。②"

著名管理专家王育琨撰文指出："华为固守通信设备供应这个战略产业，除了维持公司运营高压强的需要，还为结成更多战略同盟打下了基础。商业竞争有时很奇怪，为了排除潜在的竞争者，花多大血本都不

---

① Executire Management Team 的缩写，即经营高管团队。
② 任正非 . 2013 年轮值 CEO 的新年献词，2013.

在乎。在通信运营这个垄断性行业，你可以在一个区域获得一小部分的收益，可是在更多区域运营商们会关闭你切入的通道。任正非洞悉人性的弱点，守护着华为长远的战略利益。"

对于外界不理解的聚焦战略，任正非曾经自嘲："无知使我跌进了通信设备这个全球力量竞争最激烈的角力场，竞争对手是拥有数百亿美元资产的世界著名公司。这个角力场的生存法则很简单：必须专注于战略产业。"

众所周知，华为作为一家高科技民营企业，在创建时，其注册资金只有区区 2.4 万元人民币。经过任正非和华为全体员工的艰苦创业，其营业额连年翻番。如 1993 年营业额只有 4.1 亿元人民币，1997 年达到 50 亿元人民币，1999 年突破 100 亿元人民币，2009 年全球销售收入 1491 亿元人民币（约合 218 亿美元），2013 年实现销售收入 2390 亿元人民币（约 395 亿美元）。2015 年，华为运营商、企业、终端三大业务全球销售收入达 3950 亿元人民币，同比增长 37%；净利润 369 亿元人民币，同比增长 33%；经营现金流达到 493 亿元人民币。

华为之所以能够拥有火箭般的发展速度，是因为华为发展的核心其实就是由毛泽东提出的"集中优势力量打歼灭战"转变成的"压强战略"。

这样的聚焦战略在《华为基本法》中可以找到。《华为基本法》第 23 条指出："我们坚持压强战略，在成功的关键因素和选定的战略生长点上，以超过主要竞争对手的强度配置资源，要么不做，要做，就极大地集中人力、物力和财力，实现重点突破。"

创业公司要想与实力雄厚的巨型企业竞争，"集中优势力量打歼灭战"的战略优势就凸显出来了。华为在创业初期，面对强大的、资金实力雄厚的竞争对手，实力肯定不足。在这样的背景下，进行全方位的追赶无疑是自寻死路。任正非决定，华为必须立足于当代计算机与集成电路的高新技术，在此基础之上进行大胆创新。为了支持创新，华为每年都投入销售额 10％ 的资金用于研发，装备了大批精良的开发设备和测试仪器。不仅如此，华为还与国内外一些著名大学、研究开发机构和重点实验室建立了长期广泛的合作与交流，与国际上知名公司和供应商建立了良好稳定的伙伴关系。[1]

正是因为任正非集中优势兵力来应对竞争者，华为才取得了一系列突破。如今，华为已经跻身于世界少数几家能够提供 C&C08-STP 数字程控交换机设备的供应商行列，在移动智能网、STP[2]、移动关口局、GPRS[3] 等核心网络方面具有领先的优势。[4]

对此，任正非在内部干部会上总结说："我们把代理销售取得的点滴利润几乎全部集中到研究小型交换机上，利用压强原理形成局部突破，逐渐取得技术的领先和利润空间的扩大，技术的领先带来了机会和利润，我们再将积累的利润投入到交换机的升级换代产品的研究开发中，如此周而复始，不断地改进和创新。尽管今天华为的实力大大地增强了，但仍然坚持压强原理，只在自己最擅长的领域做到业界最佳。"

在任正非看来，只有战略聚焦，才能提升作战部队的作战能力。任正非告诫华为人："在我们这个时代，最近的 3 ~ 5 年，对华为至关重要的就是要抢占大数据的制高点。……那么什么是大数据的制高点

---

[1] 王永德.狼性管理在华为 [M]. 武汉：武汉大学出版社，2010.
[2] Spanning Tree Protocol 的缩写，即生成树协议。
[3] General Packet Radio Service 的缩写，即通用分组无线服务技术。
[4] 王永德.狼性管理在华为 [M]. 武汉：武汉大学出版社，2010.

呢？不是说那个 400G 叫制高点，而是任何不可替代的、具有战略地位的地方就叫制高点。那制高点在什么地方呢？就在 10% 的企业和 10% 的地区。从世界范围看大数据流量，在日本，是 3% 的地区，汇聚了 70% 的数据流量；在中国，10% 左右的地区汇聚未来中国 90% 左右的流量。那我们怎么能抓住这个机会？我认为战略上要聚焦，要集中力量。

"我们要学会在战略上舍弃，只有舍弃才会战胜。当我们发起攻击的时候，我们发觉这个地方很难攻，久攻不下，就可以把队伍调整到能攻得下的地方去，我只需要占领世界市场的一部分，不要占领世界的全部市场。胶着在那儿，可能错失了一些未来可以拥有的战略机会。以大地区来协调确定合理舍弃。未来的 3 ~ 5 年可能就是分配这个世界市场的最佳时机，这个时候我们强调一定要聚焦，要抢占大数据的战略制高点，占住这个制高点，别人将来想攻下来就难了，我们也就有明天。大家知道这个数据流量有多恐怖啊，现在图像要从 1K 走向 2K，从 2K 走向 4K，走向高清，小孩拿着手机"啪啦啪啦"地照，不删减，就发送到数据中心，这个流量的增加不是你想象的几何级数，是超几何级数的增长，这不是平方关系，而是立方、四次方关系的增长。这样管道要增粗，数据中心要增大，这就是我们的战略机会，我们一定要拼抢这种战略机会，所以我们不能平均使用力量，要聚焦力量，要提升作战部队的作战能力。企业业务在这个历史的关键时刻，也要抢占战略制高点。你们也有战略要地，也做了不少好东西。"

事实证明，华为的战略聚焦，使得其更加专注于通信行业，从而形成一股强大的推动力量，让华为如火箭般高速发展。

王育琨曾分析说："许多公司垮下去，不是因为机会少，而是因为机会太多、选择太多。太多伪装成机会的陷阱，使许多公司步入误区而不能自拔。机会，就是炙手可热的战略资源。但是，并不是所有的战略资源都可以开发成战略产业。有些战略资源能够形成战略产业，有些战略资源则只能为资本运作和战略结盟提供题材和想象空间，却不适于作为一种战略产业来经营。只有那些特别冷静的战略制定者，才不会被冲动和狂热牵着走，才会避开那些伪装成机会的陷阱。中国企业的战略资源本来就不多，战略失误将流失最宝贵的战略资源。任正非有着足够的自知。他深知如何区分伪装成机会的陷阱和装扮成陷阱的机会。"①

① 王育琨.1000亿华为和任正非的六个支点[EB/OL].2014.http://my.icxo.com/266600/viewspace-80835.html.

第 **6** 章

CHAPTER 6

国际化管理哲学：
"华为国际化就是为了活下去"

CHAPTER 6

　　今天我们的勇士又要出征了，我们已经拥有 170 个国家武装到牙齿的铁的队伍，我们的流程 IT 已经能支持到单兵作战。每年我们仍会继续投入上百亿美元，改善产品与作战条件。我们要从使用"汉阳造"到驾驶"航母"的现代作战方式转变。我们除了在传统增量市场大量培养将军，创造成绩、多生产粮食外，在新的机会领域，我们也要努力成长。

——华为创始人 任正非

第一节　华为的国际化逻辑：
　　　走出去就是机会

当初，福耀创始人曹德旺在美国投资建厂成为中国媒体集中攻伐的对象，一些标题党甚至不惜违背事实来质疑此事，这足以说明在国际化的征途中，中国企业依然还有很长一段路要走。

国际化征途如此艰难，为什么中国企业还要开启国际化引擎呢？答案就是只有走出去，才有活下去的可能。我们翻阅任正非的多份内部讲话资料时发现，在 20 世纪 90 年代，华为就已经制定了国际化的发展路径。

华为发展到一定规模后，其愿景不是成为一个区域性企业，而是要成为一个世界级的企业。基于此，华为走出去的初衷不是为了成为世界第一，而是为了让自己活下去。

中国人多地广，任何一个行业都想占领这个最大的市场。但是华为创始人任正非却认为，即使市场再大，也总有饱和的一天，只有走向世界，企业才能活下去。华为认定 3G 是大势所趋，很早就在 3G 研究上进行战略部署，连年保持高强度的技术研发投入。鉴于国内 3G 发展得比较晚，而其他国家早已比较流行，所以华为领先的 3G 技术到全球去寻找机会，反而收获了一片广阔的天地。[①]

走出去不是为了成为世界第一，
是为了活下去

2004 年联想成功收购美国 IBM PC 业务后，一些中国媒体把 2004 年称为中国国际化元年。在国际化道路上，以联想为首的中国企业吹响了国际化的号角。企业国际化由此成为那些野心勃勃的中国企业家最热衷讨论的话题之一。

各国企业在国际化的道路上，都经历了漫长的挫折和荆棘之路。对于今天的中国企业来说，同样如此。联想、TCL、海尔、格力电器等很多中国企业在国际化道路上，仅仅迈出了小心翼翼的一步。

当梳理这些企业的国际化战略时我们发现，这个过程通常伴随着太多艰难与失意，这似乎是国际化的新生力量们所无法回避的。但这些先行者的尝试意义重大，因为当我们此刻再谈论国际化问题时，视角、高度和底气已经与从前大不相同。[②]

对此，长期致力于研究中国企业的国际化进程的埃森哲大中华区董事总经理王波体会颇深。埃森哲在一份关于中国企业国际化《行百里，半九十：中国企业通往国际竞争力之路》的报告中提出：全球化的前提是具备国际竞争力，唯有能在全球市场进行竞争，中国企业才能自立于

---

① 朱士尧.华为走向全球化之路 [J].军工文化，2013（4）.
② 张邦松.中国企业国际化：行百里而半九十 [N].经济观察报，2011-12-03.

世界优秀企业之林。①

这份报告将注意力集中在如何提高中国企业的国际竞争力上，并认为，"此时研究如何打造具有国际竞争力的中国企业有着特别的意义"。

报告认为："一个国际领先的或一流的企业，首先应该是一个在国际市场上具有竞争力的企业。它的竞争力或来自于向市场提供的优秀产品和服务，或来自于为利益相关者创造的价值，或来自于企业持续的增长和盈利，或来自于它有影响力的品牌，或来自企业的声誉，或来自于企业为保护环境、社会公正、慈善事业所做的贡献等。一个具有国际竞争力的企业要能够克服业务和经济周期的影响，不论其领导层怎样更替，都能以普遍认可的衡量标准，在业务增长、盈利能力和股东回报诸方面，持续和长期地超越同行。"②

因此，对于那些企业，特别是在改革开放时期成长后继续开拓海外市场的中国企业而言，国际化市场对于其生存和发展都显得非常重要。因为在世界经济一体化的时刻，中国企业不能龟缩在本土，必须开拓海外市场。海外跨国公司已经大兵压境，渐渐蚕食中国市场，如果再不国际化，中国企业可能就会被困死在本土。

随着世界一体化的纵深发展，颇受争议的中国企业国际化也备受关注。对于中国企业的诸多经营者来说，WTO 后时代的竞争才真正开始，国际化问题再次成为中国企业家面临的一个棘手问题，迅速升温，成为当前世界主流思想不可回避的焦点问题。因此，对于中国企业来说，目

---

① 埃森哲.行百里，半九十：中国企业通往国际竞争力之路[EB/OL].2017.http://www.docin.com/p-683973649.html.
② 埃森哲.行百里，半九十：中国企业通往国际竞争力之路[EB/OL].2017.http://www.docin.com/p-683973649.html.

前谈论焦点不是要不要国际化的问题，而是如何国际化的问题。

大量事实证明，判断一个企业是否是一个国际化的企业，一个很简单的标准是：只有其海外销售额占全球销售额的 1/3 以上，才可以称得上是一个国际化的企业。

如果用这个标准来衡量，华为早已是一个真正国际化的企业。华为已把国内销售总部降格为与其他八个海外地区总部平行的中国地区部，可见华为对国际市场的重视。正是因为这样的战略，华为的营收近六成来自海外市场。

华为发布的 2015 年年报显示，华为的全球销售收入为 3950 亿元人民币，海外收入占 58%。在区域收入占比方面，华为中国地区营收 1677 亿元人民币，占比 42%，在所有区域中占比最高；欧洲、中东、非洲地区营收 1280 亿元人民币，占比 32%；美洲地区营收 390 亿元人民币，占比 10%；亚太地区营收 505 亿元人民币，占比 13%。见图 6-1。

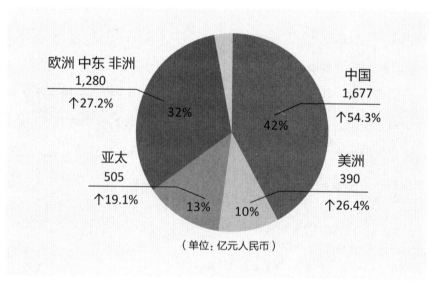

（单位：亿元人民币）

图 6-1　华为 2015 年区域营收分布

华为全球化战略的三个特征

在华为国际化战略中,其全球化边界扩张的目的就是为了活下去。在多次内部讲话中,任正非清楚地告诫华为人:"华为国际化就是为了活下去。"

试问一下,倘若当初华为不是在走出国门与跨国企业较量,那么今天的华为极有可能遭遇巨大的意识形态困境。然而,正是华为成功的全球化边界扩张,尽管屡战屡败,但是屡败屡战,坚守国际化战略,最终进入世界 500 强企业榜单。

众所周知,华为的全球扩张模式主要是一种贸易式扩张。据公开资料显示,华为在全球 170 个国家有分公司或者代表处;同时,依据不同国家或地区的能力优势,在欧洲、美国、日本、印度、新加坡等地区构建了 16 个研究所、28 个创新中心、45 个产品服务中心。在这样一个全球性的市场网络与研发平台上,产品的研发需求来自华为,架构由欧美顶尖专家设计,硬件由华为中国团队完成,软件主要由印度科技人才承担,制造主要由富士康公司完成,最后再在华为的全球市场网络进行销售。①

30 年来,华为没有进行过任何规模型的资本并购,华为的认知是,买规模就是买问题,这会带来文化冲突和价值观的冲击,以及可能的财务陷阱。但华为在注重自身能力成长的同时,也进行了一些要点式并购活动,并购的对象主要是一些尖端的研发类小公司。

在研究华为的全球化边界扩张时,我们发现华为有三个特征非常

---

① 田涛.2014 年 9 月 24 日在新加坡国立大学中国商务研究中心成立论坛上的讲话,2014.

明显：

第一，积极地接纳和融入西方管理模式，特别是由西方人所主导的全球商业秩序，在华为管理制度和流程方面主动地"全面西化"。

早在1996年，华为先后聘请如IBM等美国、英国的10多家咨询公司为其提供战略咨询。这些咨询企业对华为的研发、供应链、人力资源、财务，以及市场体系进行了多项管理变革。华为为此支付了总计达50多亿美元的管理变革费用。这样做的结果是，华为拥有了与西方跨国企业接近乃至于完全相同的一整套制度和流程。这为华为赢得全球市场打下坚实的基础。

第二，法律遵从。华为在全球化边界扩张中，始终遵守联合国法律和美国法律，作为国际化的华为，在遵守联合国法律和美国法律的同时，还必须严格遵守分公司所在国家的法律。比如，华为在巴西市场的开拓已经超过20年，其累计亏损高达13亿美元。其中亏损的主要原因就是对巴西法律环境缺乏认知。2013年，华为实现在巴西的首次盈利，其盈利额为200万美元。

为此，学者田涛撰文写道："国际化和全球化是一个极其复杂的政治、法律、文化、商业生态的系统工程，企图把在中国市场获得成功的一些做法完全移植到本土之外的市场，其受挫乃至于失败基本上是注定的、必然的结局。"

第三，文化遵从。华为有一个道德遵从委员会，其主要职能就是引导和规范华为员工从语言、习俗、宗教，乃至于生活习惯等方面主动适应和融入所在国家或地区。[1]

---

[1] 田涛.2014年9月24日在新加坡国立大学中国商务研究中心成立论坛上的讲话，2014.

第二节 华为的国际化式"盐碱地"战略

众所周知，不管是农耕时代，还是当下的机械化时代，农民都会选择土壤肥沃、水势较好的土地来耕作。而像盐碱地这样的耕地，很多种植户是不会选择的。种植户之所以不会选择盐碱地，不仅因为这种土壤种植的农作物的产量很小，还因为改造这样的土壤需要耗费大量的人工和精力。

在企业市场的竞争中，这样的道理同样适用。在成熟市场，一些资金实力雄厚的跨国公司和本土企业往往看不上那些市场潜力较大而不成熟的市场。这就给一些初创企业创造了条件。

在华为的发展中，作为创始人的任正非正是利用了开启"盐碱地"的"鸡肋战略"，为华为的生存和发展创造了条件。

"鸡肋战略"与华为国际化

任正非曾在华为的财经变革项目规划汇报会上提到"盐碱地"的概念。所谓盐碱地是盐类集积的一个区域，是指土壤里面所含的盐分影响到作物的正常生长，严重的盐碱土壤地区植物几乎不能生存。[①]

---

① 中国企业家编辑部.任正非总结华为成功哲学：跳芭蕾的女孩都有一双粗腿 [J]. 中国企业家，2014（10）.

在任正非看来，华为的国际化是在"盐碱地"上生存和发展起来的。公开资料显示，在很多市场，由于国际环境等诸多因素影响，辛勤耕耘却可能换来颗粒无收，这些地区和国家就被任正非形象地称为华为的"盐碱地"。[①]

任正非的比喻是非常恰当的。在中国大陆地区，华为的征战可以说是所向披靡。然而，在华为的国际化征程中，其海外市场的拓展却举步维艰、异常艰难。

是什么样的原因导致华为这样一个拥有狼性文化的中国优秀企业在美国频频遭遇贸易壁垒的制约呢？原因还是美国以安全为由的贸易保护主义。

遭遇美国政府的有意刁难时，华为对此发表声明回应："美国总是以陈旧的错误面孔看待华为，公司对此十分失望。"而时任中国驻美大使馆发言人王宝东也发表声明称："我希望部分美国人能够以理智的方式对待这些正常的商务活动，而不要滥用国家安全之名。"

在美国这片"盐碱地"上，华为花费了不少精力，却收获甚微。资料显示，在华为的全球版图中，北美市场是其最薄弱的部分，仅占不到1%的份额。寻找大型收购目标成为华为快速突破北美市场的一条捷径。但2010年7月的2Wire[②]及摩托罗拉无线设备部门两起并购案均以失败告终，而这并不是华为在北美的首次遇挫。[③]

2007年，华为携手国际投资机构贝恩资本打算收购3Com[④]，因为美

① 中国企业家编辑部.任正非总结华为成功哲学：跳芭蕾的女孩都有一双粗腿[J].中国企业家，2014（10）.
② 美国私有宽带互联网软件供应商。
③ 证券日报.华为美国招标再受挫 分析建议其海外上市[N].证券日报，2010-08-26.
④ 美国设备供应商。

国政府担心华为并购后获得美国国防部使用的反黑客技术，这起并购最终被美国外国投资委员会否决。而 3Com 则被惠普公司成功收购。

华为曾经做过不少努力，但业务拓展多因为西方政府的贸易保护而最终搁浅。如华为试图收购北电网络的一部分业务，却因为华为有被起诉侵犯知识产权等"污点"而最终被禁止并购，最后北电网络业务被爱立信并购。

研究发现，华为不仅仅在北美市场上遭遇挫折，在印度市场上，也同样不断地遭遇挫折。

2009 年 12 月，印度电信部宣布，服务提供商必须得到政府批准。其后，华为在印度市场中大约 3 亿美元的业务就这样不得不被搁置。

根据印度电信部颁布的新规定，设备厂商必须允许电信部、运营商或者指定机构对其硬件和软件产品以及设计研发、制造以及销售过程进行审查，并将所有软件交给安全风险监测机构进行监测。

新规定显示，一旦设备商的产品被监测出安全问题，设备商将面临高额罚款，甚至会被印度政府列入"黑名单"。

尽管这些新规定要求电信设备供应商向印度政府提供其设备的源代码和工程设计以及其他条件，但是作为华为的目标市场，华为自然也愿意接受印度的新规定。

清洗非洲市场这块"盐碱地"

不管是在美国，还是在印度，从华为的遭遇来看，华为坚持不懈地推进"鸡肋战略"，在西方大公司看不上的"盐碱地"里，一点一点地清洗耕耘。而且，薄利也逼着公司在夹缝中锻炼了能力，提高了管理水平。①

当华为在美国和印度等市场遭遇各种不友善的阻击时，华为把非洲市场作为一个拓展的目的地。事实上，华为作为全球设备制造商，积极地开拓非洲市场也是情理之中的事情。

进军非洲市场时，华为也面临众多通信巨头的阻击。如在尼日利亚市场。1992 年，尼日利亚政府成立了尼日利亚通信委员会，其目的是指导尼日利亚通信业的发展。

在具体的操作层面上，尼日利亚政府通过向通信运营商和通信服务供应商发放经营许可证，促进外国资金和尼日利亚私人资金参与通信建设，从而促进其通信业的发展。

当时，作为尼日利亚最大的国有通信公司，尼日利亚国家电信有限公司（NITEL）在竞争中尽管实力有所下降，但仍在尼日利亚通信市场占主导地位。

当尼日利亚政府允许外国资金进入其通信行业后，一批与国外合资的通信运营公司如 MTN 公司、Vmobile 公司、Starcomms 公司、Intercellular 公司、EMIS 公司、Multi-Links 公司、MOBITEL 公司及 BOUDEX 公司如雨后春笋般发展而起。同时由石油大亨和大银行控股的纯本地股份公司如 Globecom 公司和 Reltel 公司也参与竞争，其竞争的势态开始凸显。

虽然竞争的烽烟开始升起，但是尼日利亚通信运营公司没有通信设备和技术。在此之前，以西门子公司为首的西方通信设备供应商利用

---

① 中国企业家编辑部.任正非总结华为成功哲学：跳芭蕾的女孩都有一双粗腿 [J]. 中国企业家，2014（10）.

的是 20 世纪 70 年代甚至 60 年代的产品技术，让西方通信设备供应商没有想到的是，虽然技术陈旧，却一举占领了尼日利亚的通信市场。如 1999 年，西门子的通信设备占据通信市场的 60%，阿尔卡特占据 18%，而爱立信占据 15%。

由于尼日利亚通信业快速发展，摩托罗拉、朗讯等通信设备商也对尼日利亚市场虎视眈眈，其市场的竞争日趋激烈。

西方公司特别是德国公司在尼日利亚市场上培植了具有一定专业技能和管理技能的人才，有着深厚的社会基础和政治影响力。需要指出的是，在此期间虽然尼日利亚政府鼓励自由竞争，但其通信管理相当混乱，政治腐败与经济生活密切关联，若是没有相当的政治背景和政治保护是不可能进入尼日利亚通信市场的。因此，西方公司有着先入为主，得天独厚的竞争条件。

这样的背景无疑给华为拓展尼日利亚通信市场增加了难度。1998 年，华为选择了尼日利亚通信市场，在拓展初期，业务十分困难，几乎是颗粒无收，但是华为人经过艰苦努力的奋战，终于得到了回报。2003 年，华为成为尼日利亚 MTN 和 Starcomms 这两家著名公司的主流设备供应商，销售额达到 7000 多万美元。

华为打开了尼日利亚的市场大门后，其产品品牌及市场份额不断上升，其主要产品的市场地位已经超过很多主要竞争对手。毫不夸张地说，华为已经成为尼日利亚最大的通信设备供应商，有些产品还取得了绝对的优势地位。如 2004 年，华为在 MTN 移动通信市场份额从 2003 年的 25% 上升到 50%，并取得 MTN 尼日利亚传输骨干网全部市场份额；在 Starcomms 市场取得全部新建市场份额的同时，还成功地搬迁了西方厂商在拉各斯的核心网；在 Vmobile 市场取得了全国 2/3 区域的市场份额，并成功地搬迁了西方公司在北方和中部的 GSM[①] 网；在 Globacom 市场突破了移动和传输项目等。可以说，华为设备遍及尼日利亚几乎所有的主流通信运营商，如 GSM 的市场份额超过了 50%，CDMA[②] 的市场份额达到了 90%，2004 年，实现销售额 3.5 亿美元。

华为凭借高品质的产品和高效的服务，赢得了尼日利亚合作伙伴们的认可，并成为尼日利亚 Vmobile、Globacom、Intercellular 等公司的战略伙伴。2005 年 4 月，华为与尼日利亚通信部在人民大会堂签订了《CDMA450 普遍服务项目合作备忘录》及华为在尼日利亚投资协议，协议金额达 2 亿美元。CDMA450 由于使用低频段，其无线电波不受地理条件的限制，可以绕过山坡、树林、河流、湖泊，实现无线覆盖半径 60 千米以上。因此，该方案将快速地解决尼日利亚 220 个地方政府无通信覆盖的问题，使尼日利亚全国的通信覆盖率提高一倍以上，同时促进尼日利亚远程教育、远程医疗等服务的发展。

华为的"诺曼底登陆"

在国际化过程中，华为为了拓展更多的国际市场，不得不迂回前进。在美国以安全为借口打压华为之后，华为不得不另辟蹊径，打开欧盟的通信市场。在华为与思科这两个王者的对决中，华为就以"诺曼底登陆"方式打开了思科统治的缺口。

---

① Global System for Mobile Communication 的缩写，即全球移动通信系统。
② Code Division Multiple Access 的缩写，即码分多址，是一种无线通信技术。

在华为的国际化征途中，华为的市场拓展比当年的盟军作战还要艰难得多。思科阻击华为国际化失败后，华为就成了思科最为强劲的竞争对手。这个从约翰·钱伯斯的忧虑中可以明确看到。不可否认的是，约翰·钱伯斯作为思科多年的掌门人，从不讳言对华为的恐惧，甚至到了最高警惕的程度。

自 1999 年以来，思科引以为豪的企业服务器和高端路由器业务，都被华为蚕食，这让一直独大的思科失去了全球企业服务器和高端路由器的垄断地位，在中国大陆地区，其服务器业务市场的份额甚至跌至 10%。

的确，一路高歌猛进的华为给傲慢的思科这个跨国巨头留下了太多的伤痕和不好的回忆。据公开的数据显示，2011 年，高速成长的华为在全球通信设备领域获得突破性进展，其年销售收入已达到 320 亿美元，地位仅次于爱立信，规模直逼思科的 430 亿美元。然而危机意识较强的任正非不会因此而满足。2011 年，华为再次发力，成立三大业务集团 BG，开启了向跨运营商网络、企业业务、消费者业务的端到端的 ICT① 解决方案供应商的战略转型。华为这样的战略转变无疑会把企业 IT 市场作为其战略发展的重要方向，新一轮的全球企业 IT 市场争夺战的烽火已经不可避免地烧起。

华为之所以成立企业业务新军团，是因为在云计算与物联网技术的发展过程中促使企业信息化革命，而这一变革无疑给华为一个全新的巨大商业机会。在这样的背景下，巨大的商机推动着华为成立新的企业业

---

① 是信息、通信和技术（Information, Communication, Technology）首字母的缩写，即信息通信。

务集团，全面地拓展企业基础网络、统一通信与协作、云计算与数据中心，以及企业信息安全领域的市场。华为的这些战略拓展，剑指被思科视为"大粮仓"的企业IT市场。

时局的变化使得思科正在面临着过去15年以来最为艰难的挑战。曾经被硅谷视为最出色CEO的约翰·钱伯斯已不再神奇，曾经雄踞"千亿俱乐部"的思科，其利润率一再下滑，市值已经跌出了"千亿俱乐部"。一些悲观的观察家甚至还认为，思科会重蹈诺基亚兵败的覆辙。

这样的战略判断是基于华为强势地展现了后发制人的优势。2012年6月6日，在中国地区华为有条不紊地推出了全新产品——CloudEngine系列数据中心交换机，该产品可为企业提供最大单框为48T的交换容量。普通消费者可能难以理解，但是对于网络设备业界来说，无异于几经磨难的华为终于踢开了思科作为大企业"后院"的大门。在这场以大数据、云计算为基础的企业数据中心网络革命才开始时，思科就把企业交换机领域视为禁脔了，当华为强劲的超级冲击波涉足该领域时，思科当然不愿意看到自己的霸主地位被竞争者觊觎。

时任华为企业业务CEO的徐文伟在接受媒体采访时介绍，CloudEngine12800的交换容量"至少领先行业1年"，已经达到三倍于业界的水平。徐文伟坦言，华为能够快速地推出该系列产品，离不开华为在IP①领域的持续积累。华为在芯片、软件平台、硬件设计、工程能力等方面都进行了大量研发投入，而且还掌握了最为先进的技术。

在徐文伟看来，华为此次研发"CloudEngine系列数据中心交换机"产品，凭借技术创新，既显示了华为摈弃了以前的跟随战略，同时也告

---

① Internet Protocol 的缩写，即网络之间互连的协议。

诉客户，作为拥有世界 500 强技术实力的华为高度重视企业市场。

在海量资讯和大数据背景下，全球各大企业、机构都需打造易扩展、虚拟化和融合性的数据中心网络架构，以应对云时代数据中心所面临的新挑战，包括成倍增长的数据流量、大规模的虚拟机迁移以及不同种类网络的融合等。云计算的大规模实施，使得企业不得不面对如下的问题：大量的应用服务器集中在一起，如何有效地运行；云计算将跨越广域网运行，如何有效解决网络接入问题；真正的云计算结构将会有分布式的多个数据中心，这些分布在各地的数据中心如何有效协调；庞大的数据将如何有效安全地存储、管理。[①]

正如 ZK Research[②] 的首席分析师宙斯·科拉瓦拉（Zeus Kerravala）在接受媒体采访时介绍："通过 CloudEngine12800 系列以及云网络架构的发布，华为将为客户提供一个极具参照价值的网络结构以及拥有高度扩容性、融合性和虚拟化程度的平台。"

在宙斯·科拉瓦拉看来，从华为的公司架构设计上可以看到任正非的战略布局，同时也非常看中作为三大业务运营中心之一的华为企业业务 BG。按照华为此前制定的战略规划，到 2015 年，华为企业业务的合同收入将达到 150 亿 ~ 200 亿美元，约占华为收入总额的 20%。

如今的华为，正在将企业业务新军团手中的 CloudEngine "杀伤性武器"应用于世界各地的企业 IT 新战场，特别是欧盟战场。在华为的"急行军"中，要想拿下欧盟市场，不得不进行自己的"诺曼底登陆"战。这是一次华为不得不开展的"战役"。因为在英吉利海峡的对面是

---

① 刘启诚 . 华为如何攀上 ICT 市场老大这座高峰 [EB/OL].2017. http://www.cww.net.cn/news/html/2012/5/11/201251114295l736.htm.
② 一家市场研究公司。

一个拥有 1 万亿美元规模的企业市场。同时，产业界也都在关注 ICT 融合、移动互联网、云计算、物联网……可以看到，未来该市场不仅潜力巨大，而且难以想象。

如此巨大的市场是极具诱惑力的，华为不可能无动于衷，华为必然选择涉足企业市场，然后攻城略地。在思科面前，华为不仅是一个意志坚定、行动果断的对手，同时还是一个把进攻当作防守的对手，这不得不令约翰·钱伯斯胆战心惊。

为此，思科凭借自己在企业市场领域强大的实力，不惜集中精力，专注于企业市场，从而更好地构筑坚固的防线把华为阻击在"诺曼底"。当然，对吹响战斗号角的华为来说，这次的"诺曼底登陆"将遭遇思科最严重的阻击，这也许是华为从未经历过的一场攻坚战。华为之所以敢剑指"诺曼底"，是因为如今的华为已经不再是 10 多年前那个与思科对簿公堂的中国小公司。年轻力壮的华为与思科同样都是世界 500 强跨国企业，同样拥有强大的技术研发团队，华为今天的技术和产品开发实力都不容小觑。

在"诺曼底"这场攻防战中，思科和华为这两个老对手再次争夺企业市场这个高地。在研究专家看来，华为和思科争夺的虽是一块潜力巨大的市场蛋糕，但是谁都没有能力独吞。不过，随着竞争的日趋激烈，无疑拉高了竞争的门槛。

在《华为 VS 思科：王者的对决》一文中，学者指出："今天的世界上，有资格在未来的信息通信领域成为一揽子解决方案供应商的公司大概只有华为和思科两家，双寡头的业态格局势成必然。"

在该学者看来，在信息通信领域，王者永远只有一个。华为和思科这两个企业，谁最终成为通信行业的定义者，谁最终成为执牛耳的霸主，现在下结论还为时尚早，因为新老王者的对决才刚刚开始。

CHAPTER 7

灰度管理哲学：
"正确方向来自灰度、妥协与宽容"

CHAPTER 7

　　"妥协"其实是一种非常务实、通权达变的丛林智慧，凡是人性丛林里的智者，都懂得恰当时机接受别人妥协，或向别人提出妥协，毕竟人要生存，靠的是理性，而不是意气。

——华为创始人 任正非

第一节　清晰的方向来自灰度

　　任正非在经营管理中，较为推崇灰度管理哲学，他相信"合二为一"，而不是黑白不两立的"一分为二"。正是在灰度理论的支配下，任正非同时强调开放与妥协，反对"斗争哲学"，崇尚合作精神与建设性，使得华为迎来了大发展。

　　任正非对自己推崇灰度管理哲学有独特的看法。早在 2011 年，任正非与经营大师稻盛和夫会谈并认真地听取其经验。当日方演讲者按照 PPT 有条不紊地结束演讲时，陪同的华为高管们却说："日本跟不上世界的变化。"

　　当时担任华为副董事长的郭平也按照同样的方式评论后，作为华为创始人的任正非苦叹一句："华为必死无疑……"

"开放、妥协、灰度是华为文化的精髓，也是一个领导者的风范"

　　在内部讲话中，任正非说道：

合适的灰度体现领导者的水平。坚定不移的正确方向来自灰度、妥协与宽容。

一个清晰的方向，是在混沌中产生的，是从灰色中脱颖而出，方向是随时间与空间而变的，它常常又会变得不清晰。并不是非白即黑、非此即彼。

合理地掌握合适的灰度，是使各种影响发展的要素，在一段时间和谐，这种和谐的过程叫妥协，这种和谐的结果叫灰度。

中华文化兼收并蓄的包容性是最显著的。我们要有灰度的概念，在变革中不要走极端，任何极端的变革，都会对原有的积累产生破坏，适得其反。领袖就是掌握灰度。干部则要真正领悟到妥协的艺术，学会宽容，保持开放的心态，就会真正达到灰度的境界，就能够在正确的道路上走得更远，走得更扎实。

大量事实证明，在后金融危机中，华为不仅没有受到金融危机的影响而发展速度下降，相反还一直保持良好的增长势头，而且其国际化步伐一直迈得坚实有力。即使在金融危机爆发的 2008 年，华为的国际收入仍占到整体销售收入的 75%。不仅如此，华为在 2008 年国际专利的申请数量上竟然超越了丰田和飞利浦，成为名副其实的专利申请企业世界第一。华为的表现也赢得了美国财经杂志《商业周刊》的认可，在《商业周刊》杂志评选出的全球十大最具影响力公司中，华为是唯一上榜的中国企业。

在华为高级管理顾问吴春波看来，华为作为一个中国的、非上市的、民营的、高科技的企业，只是一种"现象"，对于中国企业来说，其模仿与借鉴价值并不太大。但是隐含于华为"现象"背后的成功的经营管理哲学与理念，则值得中国企业和企业家思考。①

任正非的经营管理可归结为均衡的思想。自 2001 年起，在任正非总结的华为“十大管理要点”中，不管内外部环境发生了如何的变化，“坚持均衡发展”一直放在首位。可以讲，任正非的经营管理思想的核心就是均衡，均衡是其最高的经营管理哲学。任正非自称是一个有“灰度”的人，他认为，介于黑与白之间的灰度，是十分难掌握的。②

灰色，是纯白、纯黑以及两者中的一系列从黑到白的过渡色。“灰度”一词，在华为语境中有着重要的地位，是任正非在许多重要讲话中使用的词语。③ 如在 2008 年市场部年中大会上的讲话中，任正非讲道：“开放、妥协、灰度是华为文化的精髓，也是一个领导者的风范。”

《中国企业家》刊登的《任正非总结华为成功哲学：跳芭蕾的女孩都有一双粗腿》一文中指出，唯物辩证法告诉我们，矛盾的观点、对立统一的观点，是认识事物最根本的观点。矛盾极其复杂多样，其运动形态绝不仅仅是斗争的一种形态，矛盾的同一性或统一性是更为普遍的形态。所以，我们不能形而上学地认为世间的事物是有你没我、你死我活、非白即黑，更普遍的形态是你中有我、我中有你，你活我也活，黑中见白、白中有黑；在一定条件下黑白可能互相转化，黑可能变白，白亦可变黑。所以，在认识事物时，那种极端的观点，绝对化的观点，一成不变的观点都是不正确的。任正非是深谙唯物辩证法的高手，他借用“灰度”一词教育干部和员工不要走极端，成为华为管理哲学中的精华之一。④

---

① 吴春波.任正非间于“黑”“白”之间的灰度管理哲学 [N].中国经营报，2010-10-27.
② 吴春波.任正非间于“黑”“白”之间的灰度管理哲学 [N].中国经营报，2010-10-27.
③ 中国企业家编辑部.任正非总结华为成功哲学：跳芭蕾的女孩都有一双粗腿 [J].中国企业家，2014（10）.
④ 中国企业家编辑部.任正非总结华为成功哲学：跳芭蕾的女孩都有一双粗腿 [J].中国企业家，2014（10）.

"坚定不移的正确方向来自灰度、妥协与宽容。"

当华为问鼎行业霸主地位之时，任正非却非常忧虑。在《华为基本法》中，处处可见矛盾，处处可见辩证。如"我们既要如何，又要如何……"任正非30年来的文章与讲话，也常常充满互为对立但实则统一的言论，关键是看在什么样的时空条件下。比如战略定位必须清晰，这样前后方作战的将士们才能有明确的目标与方向，但时空条件发生变化了，战略定位也会跟着发生调整。比如民主与权威的关系，前者代表活力与创造性，后者代表秩序，两者缺一不可，但如何拿捏分寸？既要有制度的制衡，又要有领导者集体的权变艺术。①

科学、合理地管理企业，的确需要一个恰当的分寸。为此，任正非说道："灰度是常态，黑与白是哲学上的假设，所以，我们反对在公司管理上走极端，提倡系统性思维。"

在任正非看来，清晰的方向来自灰度。在《管理的灰度》一文中，任正非写道：

> 妥协一词似乎人人都懂，用不着深究，其实不然。妥协的内涵和底蕴比它的字面含义丰富得多，而懂得它与实践更是完全不同的两回事。我们华为的干部，大多比较年轻，血气方刚，干劲冲天，不大懂得必要的妥协，也会产生较大的阻力。
>
> 我们纵观中国历史上的变法，虽然对中国社会进步产生

---

① 中国企业家网.任正非：华为为什么不上市？[EB/OL].2017.http://www.iceo.com.cn/renwu/35/2012/1129/260809.shtml.

了不灭的影响，但大多没有达到变革者的理想。我认为，面对他们所处的时代环境，他们的变革太激进、太僵化，冲破阻力的方法太苛刻。如果他们用较长时间来实践，而不是太急迫、太全面，收效也许会好一些。其实就是缺少灰度。方向是坚定不移的，但并不是一条直线，也许是不断左右摇摆的曲线，在某些时段来说，还会划一个圈，但是我们离得远一些或粗一些来看，它的方向仍是紧紧地指着前方。

我们今天提出了以正现金流、正利润流、正的人力资源效率增长，以及通过分权制衡的方式，将权力通过授权、行权、监管的方式，授给直接作战部队，也是一种变革。在这次变革中，也许与二十年来的决策方向是有矛盾的，也将涉及许多人的机会与前途，我想我们相互之间都要有理解与宽容。

不难看出，在华为，任正非始终用"灰度"的思想指导华为的各项实践。如公司设计自身所有制的实践，正确处理本土化和国际化的实践，如何正确对待客户、竞争对手、供应商的实践，内部管理上正确处理质量与成本、拿合同与保进度的实践，处理守成与创新的实践，处理员工身份的实践，处理人事制度变革的实践等。在这些实践中，华为都坚持了"灰度"的指导思想。实践证明，"灰度"思想是指导华为公司实践取得成功的重要"法宝"。①

---

① 中国企业家编辑部.任正非总结华为成功哲学：跳芭蕾的女孩都有一双粗腿[J].中国企业家，2014（10）.

"坚持正确的方向，与妥协并不矛盾，相反妥协是对坚定不移方向的坚持"

在目前这个浮躁而又英雄匮乏的年代，永不退让、强硬的进攻态势总让人难忘。普京因为强势而赢得"世界最具权势的总统"称号，把超级大国的奥巴马比下去了。这足以看出，在世界人民的眼里，强权人物依然大受欢迎。

不妥协，似乎才能造就成功。然而，任正非却有着自己的解读，在经营管理中，任正非坚持没有妥协就没有"灰度"，"坚定不移的正确方向，来自灰度、妥协与宽容"。

在任正非的管理改进中，坚决反对的第一条就是"坚决反对完美主义"。在任正非看来，没有妥协就没有"灰度"。在《管理的灰度》一文中，任正非写道：

> 坚持正确的方向，与妥协并不矛盾，相反，妥协是对坚定不移方向的坚持。当然，方向是不可以妥协的，原则也是不可以妥协的。但是，实现目标过程中的一切都可以妥协，只要它有利于目标的实现，为什么不能妥协一下？当目标方向清楚了，如果此路不通，我们妥协一下，绕个弯，总比原地踏步要好，干吗要一头撞到南墙上？
>
> 在一些人的眼中，妥协似乎是软弱和不坚定的表现，似乎只有毫不妥协，方能显示出英雄本色。但是，这种非此即彼的思维方式，实际上是认定人与人之间的关系是征服与被征服的关系，没有任何妥协的余地。

妥协其实是非常务实、通权达变的丛林智慧。凡是人性丛林里的智者，都懂得恰当时机接受别人妥协，或向别人提出妥协，毕竟人要生存，靠的是理性，而不是意气。

妥协是双方或多方在某种条件下达成的共识，在解决问题上，它不是最好的办法，但在没有更好的方法出现之前，它却是最好的方法，因为它有不少的好处。

妥协并不意味着放弃原则，一味地让步。明智的妥协是一种适当的交换。为了达到主要的目标，可以在次要的目标上做适当的让步。这种妥协并不是完全放弃原则，而是以退为进，通过适当的交换来确保目标的实现。相反，不明智的妥协，就是缺乏适当的权衡，或是坚持了次要目标而放弃了主要目标，或是妥协的代价过高遭受不必要的损失。

明智的妥协是一种让步的艺术，妥协也是一种美德，而掌握这种高超的艺术，是管理者的必备素质。

只有妥协，才能实现"双赢"和"多赢"，否则必然两败俱伤。因为妥协能够消除冲突，拒绝妥协，必然是对抗的前奏；我们的各级干部真正领悟了妥协的艺术，学会了宽容。

在任正非的管理思维中，宽容和妥协是一种智慧，并非软弱。不同性格、不同特长、不同偏好的人凝聚在组织目标和愿景的旗帜下，靠的就是管理者的宽容。如同任正非所言："宽容所体现出来的退让是有目的、有计划的，主动权掌握在自己的手中。无奈和迫不得已不能算宽容。只有勇敢的人，才懂得如何宽容，懦夫绝不会宽容，这不是他的本性。宽容是一种美德。"

在管理实践中，妥协是一种务实、通权达变的丛林智慧。在任正非看来，要想使华为快速地发展，必须考虑各个方面的利益，设法让这些利益方达成妥协，多元价值之间要设法彼此宽容，最终达成多重利益和多元价值基础上的团结。妥协很可能是特定利益格局下无奈让步的结果：很多情况下，一个安排明明不合理也只能勉强接受；同样，宽容很可能意味着"井水不犯河水"的回避主义，"惹不起但躲得起"的退让主义，甚至"大人不见小人怪"的恩赐主义。[1]

第二节 "如果我们用完美的观点去寻找英雄，是唯心主义"

在华为的发展过程中，随着规模的扩大，其管理改进也在悄然进行，犹如春风化雨一般，悄然洒落在华为全体的员工之中。对于掌舵者任正非来说，之所以采取渐进式的管理改进，其目的是在发展与管理当中寻找一个最佳的结合点。

在内部讲话中，任正非谈道："如果我们用完美的观点去寻找英雄，是唯心主义。英雄就在我们的身边，天天和我们相处，他身上有你值得

---

[1] 汪小星，孙嘉芸.华为任正非：不做僵化的西方样板[N].南方都市报，2010-03-02.

学习的地方，我们每一个人的身上都有英雄的行为。我们任劳任怨，尽心尽责地完成本职工作，我们就是英雄；我们思想上艰苦奋斗，不断地否定过去，我们就是英雄；我们不怕困难，愈挫愈勇，我们就是自己心中真正的英雄。我们要将这些良好的品德坚持下去，改正错误，摒弃旧习，做一个无名英雄。"

"世界是变化的，永远没有精致完美"

华为向来都是反对完美主义的，甚至有管理专家将任正非的成功哲学归结为一句话——"跳芭蕾的女孩都有一双粗腿"。当然，管理专家引用任正非这句"跳芭蕾的女孩都有一双粗腿"主要是来比喻在企业经营中不要追求完美。

在很多内部讲话中，任正非时常反对完美主义。他说道："世界是变化的，永远没有精致完美，根本不可能存在完美，追求完美就会陷入低端的事务主义，越做越糊涂，把事情僵化了；做得精致完美，就会变成'小脚'女人，怎么冲锋打仗。华为公司为什么能够超越西方公司，就是不追求完美，不追求精致。"

任正非的比喻非常恰当，因为在非专业人士的意识中，跳芭蕾舞的女孩，身材都是非常好的，腿很细很长。在专业人士眼里，这些看法都是不客观的，大部分跳芭蕾的女孩，她们的双腿非常粗，脚也很大，因为这样才更有力量。

这其实是建筑学逻辑的具体体现：在建筑学中，力量是其根本，唯有建立在力学原理基础上的万事万物，才可能存在和谐之美、均衡之美。

除此之外，"跳芭蕾的女孩都有一双粗腿"这个比喻还体现了均衡的管理哲学思想。对于任何一个跳芭蕾的女孩来说，只有一双坚实的粗腿和大脚，才能支撑起弹性与柔性，支撑起令人眩目的动感与平衡。[①]

其实，这样的道理对于企业而言，也较为适用。因为在企业的发展中，"单向度追求"可为企业带来高速发展，尤其在企业的原始积累时期，能够使企业活下来，并为企业奠定一定的实力基础。但进攻，不停歇地进攻，会在企业外部带来越来越多的对立和摩擦，在企业内部，也会积累与沉淀太多的矛盾与冲突，所以，均衡也成为一个时期内组织管理的核心话题。[②]

在华为，任正非告诫华为人要坚守"继续坚持均衡的发展思想，推进各项工作的改革和改良。均衡就是生产力的最有效形态。通过持之以恒的改进，不断地增强组织活力，提高企业的整体竞争力，以及不断地提高人均效率"的华为核心价值观。

当华为发展到一定规模后，华为积累与沉淀的矛盾与冲突无疑会增加，这就使得任正非在发展与管理中寻找到一个均衡的管理模式。如轮值 CEO 制度，这其实是任正非均衡管理思想的具体体现。在《一江春水向东流》一文中，任正非这样写道：

　　我人生中并没有合适的管理经历，从学校到军队，都没

---

① 中国企业家编辑部. 任正非总结华为成功哲学：跳芭蕾的女孩都有一双粗腿 [J]. 中国企业家，2014（10）.
② 中国企业家编辑部. 任正非总结华为成功哲学：跳芭蕾的女孩都有一双粗腿 [J]. 中国企业家，2014（10）.

有做过有行政权力的"官"，不可能有产生出有效文件的素质，"左"了改，"右"了又改过来，反复"烙饼"，把多少优秀人才"烙糊"了、"烙跑"了……这段时间，我摸着石头过河，险些被水淹死。

2002 年，公司差点崩溃了。IT 泡沫的破灭，公司内外矛盾的交集，我却无能为力控制这个公司，半年时间内都是噩梦，梦醒时常常哭。真的，如果不是公司的骨干们在茫茫黑暗中，点燃自己的心，来照亮前进的路程，恐怕现在公司早已没有了。在这期间，孙（亚芳）董事长团结员工，增强信心，功不可没。

大约 2004 年，美国顾问公司帮助我们设计公司组织结构时，看到我们还没有中枢机构，觉得不可思议。而且高层只是空任命，也不运作，于是提出要建立 EMT（Executive Management Team）制度，我不愿做 EMT 的主席，就开始了轮值主席制度，由八位高层轮流执政，每人半年，经过两个循环，演变到今年的轮值 CEO 制度。

也许是这种无意中的轮值制度，平衡了公司各方面的矛盾，使公司得以均衡成长。轮值的好处是，每个轮值者，在一段时间里，担负了公司 COO[①] 的职责，不仅要处理日常事务，而且要为高层会议准备起草文件，大大地锻炼了他们。同时，他不得不"削小屁股"，否则就达不到别人对他决议的拥护。这样他就将他管辖的部门，带入了全局利益的平衡，公司

---

① Chief Operating Officer 的缩写，即首席运营官。

的"山头"无意中在这几年削平了。

经历了八年轮值后，在新董事会选举中，他们多数被选上。我们又开始了在董事会领导下的轮值 CEO 制度，他们在轮值期间是公司的最高行政首长。他们更多的是着眼公司的战略，着眼制度建设。将日常经营决策的权力进一步下放给各BG、区域，以推动扩张的合理进行。

这比将公司的成功系于一人、败也是这一人的制度要好。每个轮值 CEO 在轮值期间奋力地"拉车"，牵引公司前进。他走偏了，下一轮的轮值 CEO 会及时去纠正航向，使大船能早一些拨正船头。避免问题累积过重不得解决。

在这篇文章中，任正非不仅回顾了华为的创业过程，同样也阐释了华为轮值 CEO 制度的由来，以及存在的必要。

在华为的发展过程中，变革和发展同时进行。不过，在均衡思想的指导下，任正非坚决反对完美主义，正如他所讲的"跳芭蕾的女孩都有一双粗腿"。

在华为 20 多年的成长与发展路上，任正非通过持续不断地改进、改良与改善，不断地强化与提升华为的经营管理能力，使得华为走上了一条健康的发展之路。事实证明，华为的成功，不仅动态地实现了功与利、经营与管理的均衡，而且还把均衡管理的核心竞争力发挥到极致。

2005 年，华为加快了国际化的步伐，为了更好地走出去，华为将其战略做了如下定位：第一，为客户服务是华为存在的唯一理由，客户需求是华为发展的原动力；第二，质量好、服务好、运作成本低，优先满足客户需求，提升客户竞争力和赢利能力；第三，持续管理变革，实现高效的流程化运作，确保端到端的优质交付；第四，与友商共同发展，既是竞争对手，也是合作伙伴，共同创造良好的生存空间，共享价值链的利益。

从上述四个战略定位可以看出，华为的战略既关注经营（第一条），又关注管理（第二条）；既关注企业外部（第一条与第四条），同时也关注企业内部（第二条与第三条）。可以说基于其经营管理哲学的华为战略，是一个充满了均衡的战略。①

华为管理的改进坚持遵循“七反对”的原则

在任正非看来，完美的英雄是不存在的，这就是任正非一直反对完美主义的根源所在。在管理改进中，很多企业家都会选择职业化的管理队伍，任正非是这样对职业化进行定义的：什么是职业化？就是在同一时间、同样的条件下，做同样的事的成本更低。

任正非坦言，一旦“市场竞争，对手优化了，你不优化，留给你的就是死亡”。对此，任正非拿思科与爱立信在内部管理上的水平与华为做了对比。任正非说：“思科在创新上的能力，爱立信在内部管理上的水平，我们现在还是远远赶不上的。要缩短这些差距，必须持续地改良我们的管理，不缩短差距，客户就会抛弃我们。”

在这样的背景下，华为要想追赶思科和爱立信就急需改进，但是在改进的过程中，一定注意要沉着冷静，不能盲目行事。任正非说：“的

---

① 吴春波. 任正非间于“黑”“白”之间的灰度管理哲学 [N]. 中国经营报，2010-10-27.

确，我们要有管理改进的迫切性，但也要沉着冷静，减少盲目性。我们不能因短期救急或短期受益，而做长期后悔的事。不能一边救今天的火，一边埋明天的雷。管理改革要继续坚持从实用的目的出发，达到适用目的的原则。"

为了解决华为思想混乱、主义林立的问题，任正非通过外力制定了《华为基本法》。在《一江春水向东流》一文中，任正非这样写道：

> 1997 年后，公司内部的思想混乱，主义林立，各路诸侯都显示出他们的实力，公司往何处去，不得要领。我请人民大学的教授们，一起讨论一个"基本法"，用于集合一下大家发散的思维，几上几下的讨论，不知不觉中"春秋战国"就无声无息了，人大的教授厉害，怎么就统一了大家的认识呢？从此，开始形成了所谓的华为企业文化，说这个文化有多好，多厉害，不是我创造的，而是全体员工悟出来的。

> 我那时最多是从一个甩手掌柜变成了一个文化教员。业界老说我神秘、伟大，其实我知道自己，名实不符。我不是为了抬高自己，而隐藏起来，而是因害怕而低调的。真正聪明的是 13 万员工，以及客户的宽容与牵引，我只不过用利益分享的方式，将他们的才智黏合起来。

> 公司在意志适当集中以后，就必须产生必要的制度来支撑这个文化，这时，我这个假掌柜就躲不了了。从上世纪末到 21 世纪初，大约在 2003 年前的几年时间，我累坏了，身体就是那时累垮的，身体有多项疾病，动过两次癌症手术，但我乐观……

那时，要出台多少文件才能指导并约束公司的运行，那时公司已有几万员工，而且每天还在不断大量地增加。你可以想象混乱到什么样子。我理解了社会上那些承受不了的高管为什么选择自杀。问题集中到你这一点，你不拿主意就无法运行，把你聚焦在太阳下烤，你才知道 CEO 不好当。每天 10 多个小时以上的工作，仍然是一头雾水，衣服皱巴巴的，内外矛盾交集。

在任正非看来，华为从一个小公司成为一个跨国公司，其内部还残留小公司的不良习气，以及早期的习惯势力的影响，无疑会阻碍华为完全职业化的进程。任正非解释说："我们从一个小公司脱胎而来，小公司的习气还残留在我们身上。我们的员工也受 20 年来公司早期的习惯势力的影响，自己的思维与操作上还不能完全职业化。这些都是我们管理优化的阻力。"

任正非分析说："由于我们从小公司走来，相比业界的西方公司，我们一直处于较低水平，运作与交付上的交叉、不衔接、重复低效、全流程不顺畅现象还较为严重。"因此，在华为的管理改进中，要继续坚持遵循"七反对"的原则。

所谓"七反对"是指：坚决反对完美主义；坚决反对烦琐哲学；坚决反对盲目的创新；坚决反对没有全局效益提升的局部优化；坚决反对没有全局观的干部主导变革；坚决反对没有业务实践经验的人参加变革；坚决反对没有充分论证的流程进行实用。

针对这"七反对"的原则，任正非提出："我们不忌讳我们的病灶，要敢于改革一切不适应及时、准确、优质、低成本实现端到端服务的东西，但是更多的却是从治理进步中要效益。我们从来都不主张较大幅度的变革，而主张不断的改良，人们现在依然要耐得住性子，谋定而后动。"

在任正非看来，如果总是从完美的角度出发，总是事事都力求完美，那么，这样的企业很难得到长远的发展。只有不断地在治理中管理企业，才能使企业向更好的方面发展。在《一江春水向东流》一文中，任正非这样写道：

在华为成立之初，我是听任各地"游击队长"们自由发挥的。其实，我也领导不了他们。

前十年几乎没有开过办公会类似的会议，总是飞到各地去，听取他们的汇报，他们说怎么办就怎么办，理解他们，支持他们；听研发人员的发散思维，乱成一团的所谓研发，当时简直不可能有清晰的方向，像玻璃窗上的苍蝇，乱碰乱撞；听客户一点点改进的要求，就奋力去找机会……更谈不上如何去管财务了，我根本就不懂财务，这与我后来没有处理好与财务的关系，他们被提拔少，责任在我。

也许是我无能、傻，我才如此放权，是各路诸侯的聪明才智成就了华为。我那时被称作甩手掌柜，不是我甩手，而是我真不知道如何管。今天的接班人，个个都是人中精英，他们还会不会像我那么愚钝，继续放权，发挥全体的积极性，继往开来，承前启后呢？他们担任的事业更大，责任更重，会不会被事务压昏了，没时间听下面唠叨了呢……相信华为的惯性，相信接班人的智慧。

　　不难看出，华为在发展过程中遭遇了诸多问题，但都被任正非巧妙地化解了。华为的经营模式选择了客户化导向。

　　在华为的产品研发中，产品的发展目标是客户需求导向，把为客户提供完善和及时的服务作为公司存在的唯一价值和理由；在管理模式方面，华为的微观商业模式就是流程化的组织建设，完成企业诸元素从端到端、高质、快捷、有效的管理；在内部核心价值观方面，相应地构建以高绩效为特征的企业文化。[①]

　　正如任正非所言："在这 20 年的痛苦磨难中，我们终于确立了'以客户为中心，以奋斗者为本'的企业文化，它使公司慢慢走出了困境。"

　　同样不难看出，华为所提倡的企业核心价值观，同样将内部价值导向（艰苦奋斗）与外部价值导向（客户）有机并均衡地结合在一起。从整体上看，这一模式将客户价值、企业效益、管理的效率和工作的高绩效有机地结合在一起，从而实现一种有效的和谐，一种动态的均衡。可以说，华为提出的宏观商业模式与微观商业模式是建立在理性的思考基础之上的，其实质是经营管理动态均衡变成了有实践意义的"华为模式"。[②]

---

① 吴春波 . 任正非间于"黑""白"之间的灰度管理哲学 [N]. 中国经营报，2010-10-27.
② 吴春波 . 任正非间于"黑""白"之间的灰度管理哲学 [N]. 中国经营报，2010-10-27.

第 **8** 章

变革管理哲学：
"华为不因腐败而不发展，也不因
发展而宽容腐败"

CHAPTER 8

　　我们的竞争对手，就是我们自己。我们董事长讲了，在华为公司的前进中，没有什么能阻挡我们，能够阻止我们的，就是内部腐败。最大的竞争者就是我们自己。

——华为创始人 任正非

第一节　没有什么能阻挡华为，除了内部腐败

大量事实证明，任何一个组织被打败，绝不是败于竞争对手，而是败于自己的腐败和官僚体系。的确，腐败会导致一个组织走向灭亡，这是横亘在管理者面前的一道坎。

著名历史学家郭沫若有篇文章，名为《甲申三百年祭》，揭示了腐败是导致明朝覆灭的根本。文中写道："自然崇祯的运气也实在太坏，承万历、天启之后做了皇帝，内部已腐败不堪，东北的边患又已经养成，而在这上面更加以年年岁岁差不多遍地都是旱灾、蝗灾。二年四月二十六日，有马懋才《备陈大饥疏》，把当时陕西的灾情叙述得甚为详细，就是现在读起来，都觉得有点令人不寒而栗：臣乡延安府，自去岁一年无雨，草木枯焦。八九月间，民争采山间蓬草而食。其粒类糠皮，其味苦而涩。食之，仅可延以不死。至十月以后而蓬尽矣，则剥树皮而食。诸树惟榆皮差善，杂他树皮以为食，亦可稍缓其死。"

一个组织成长壮大后，若存在腐败，就会阻碍其基业长青和永续经营。在任正非看来，华为的生存和发展同样如此。当媒体记者采访任正非时问道："今天讲了很多现代企业管理制度，也就是西方公司的管理制度。您最敬重的公司或者最强大的对手是哪家公司？"任正非的回答

让记者有些意外。

任正非答道："我们的竞争对手，就是我们自己。我们董事长讲了，在华为公司的前进中，没有什么能阻挡我们，能够阻止我们的，就是内部腐败。最大的竞争者就是我们自己。"

重拳严打内部腐败

为了打击腐败，华为高调地召开反腐大会，其目的是重拳严打内部腐败。2014年9月4日上午9点左右，来自全国的近200家企业业务部的经销商聚集在华为培训基地主培训楼一楼会议室。

华为此次召集企业业务部的渠道代理商，目的是让他们一起参与首次华为反腐大会。会议通报了华为在企业业务领域内部反腐的情况，并讨论建立一套更为完善的管理制度，旨在解决发生在华为经销商和华为员工之间的行贿受贿问题。

据公开资料显示，在进入会议室之前，所有经销商一一被要求签到，华为金牌经销商的代表尤其不能缺席。

华为此次反腐涉及面之广、程度之深，前所未有。华为高调地告诫华为人："有必查，查必彻。"据华为内部统计，截至2014年8月16日，内部有116名员工涉嫌腐败，其中4名员工被移交司法处理，有69家经销商被卷入其中。

华为管理层在此次召开的反腐大会上讲道："问题非常严重，涉及历任、多人、多家、团伙。"

因为涉嫌受贿，一位华为办事处的负责人在旅游时被抓。为了有效地防范腐败，针对未经查实或尚未暴露的腐败行为，华为提出自己的新办法——让经销商实名举报。

华为提出：凡存在华为员工（包括已离职的华为员工）收受好处费等类似问题，经销商主动实名举报的，不予追究其法律责任；不主动举报的，一经发现，将追究其法律责任，其与华为的未来合作也将受到影响。

当时的企业业务，尤其是在运营商增速放缓以及终端业务增速亦未明朗的情况下，无疑成为华为着力打造的下一个十年主要利润增长点。据华为财报显示，2013 年，华为企业业务实现销售收入 152 亿元人民币，同比增长 32.4%。过去三年的复合增长率达到 35%。

尽管取得不错的业绩，但是华为的长期健康成长，还必须凭借一套有效的制度和文化的建设。由于企业业务的特殊性，作为代理商，肯定需要通过客户经理争取折扣。

大量事实证明，在企业界，代理商与企业方员工互相勾结的情况相当普遍，这种情况的结果，是个人钻公司的漏洞获取最大化的好处，而公司利益受损。

对此，华为企业业务部对于类似行为的态度是有一个查一个。在此次反腐大会上，华为管理层强调，作为员工，必须诚实劳动，这是作为员工的基本要求，绝不允许一切钻公司漏洞、借职务便利牟私利的行为。

华为管理层在会上告诫道："对内部腐败零容忍，坚决反对，高度一致，腐败没有灰度……要通过'查、处、管、教、法'使得腐败行为'不敢、不想、不能'，让干部和员工健康成长。"

当然，华为反腐并不仅仅是针对企业业务。时任华为消费者 BG CEO、华为终端公司董事长余承东给属下员工群发了一封名为《不要掉队》的内部邮件。具体内容如下：

> 亲爱的同事们，时光飞逝，马年转眼过半，我也惯例晒晒总结。

> 上半年，我们销售收入同比增长约 30%，利润目标过半。海外市场整体增长良好，拉美北、中东非洲、东南亚、中亚、南太 5 个区域领先增长，开放市场与零售能力进步明显。手机 D/P 系列中高端产品收入增长超 100%，智能机 FFR[1] 上半年低于苹果、三星，更坚定要聚焦精品、向中高端和品牌之路转型。今年"荣耀"广受关注，系列产品的热销，见证了我们在数字营销、电商操盘、线上线下协同能力上的快速进步。只要开放学习、不断总结，荣耀会迸发更大的活力。平板、X1、立方、手环等创新产品不断推出，非手机业务（MBB[2]＆家庭）已在向 2C[3] 业务转型。外销芯片业务表现突出，超额完成半年任务。

> 回想 2011 年，我刚来终端，和大家一起经历了业务模式从传统 B2B[4] 向 B2B2C[5]、B2C[6] 艰苦转型，从 ODM[7] 白牌到华为品牌、从 Feature Phone[8] 重点转到 Smart Phone[9]、从低端扩展到

---

① Fault Feedback Ratio 的缩写，即故障反馈比例。
② Mobile Board Band 的缩写，即移动宽带业务渗透率。
③ 电商。
④ Business to Business 的缩写，即企业对企业的电子商务模式。
⑤ Business to Business to Customer 的缩写，即电子购物平台模式。
⑥ Business to Customer 的缩写，即商对客的电子商务模式。
⑦ Original Design Manufacture 的缩写，即原始设计商。
⑧ 功能手机。
⑨ 智能手机。

中高端……到今天，可以看到，所有的付出与汗水，所有承受的委屈和不理解，都是值得的，我们已经走上一条良性发展道路。

展望未来12个月的工作，依然是品牌、渠道、零售与供应计划整合几个重点。围绕开放市场的端到端能力构建，当前是我们组织的主要矛盾，特别是营销组织应尽快摆脱在中低端对运营商定制的依赖，加快向中高端营销转变。重视核心能力的构建，我们才有可持续发展的未来。

作为领头人，我对业务的未来充满信心，对大家的前途和"钱"途也有信心。我们事业前景是乐观的，可是近几年来却不断看到一些同事因为腐败问题而掉队。每起被查处腐败的当事员工，其人生轨迹、家庭生活完全颠覆，法办坐牢，失去自由再忏悔为时已晚。因此，这次的半年总结，我想重点和大家谈：如何自律、抵制诱惑，防腐败、反腐败，我不希望大家在我们实现事业梦想的道路上掉队。

我们这个年纪，上有老、下有小，每个人身上是有责任的。华为提供的收入水平，加上我们不让"雷锋"吃亏的激励机制，只要我们勤奋工作，我们及家庭的生活水平是可以过得有尊严的。我和很多华为主管都是从基层做起来的，到今天，大家不再有衣食之忧，更多去享受工作的快乐与自由，证明华为的分配机制是公平的。一时贪念，惴惴不安，不义之财终究藏不住，还会如数归还，更会因坐牢失去自由。是非选择，后果责任，一定要时刻警醒，想清楚。

要知道，触犯法律造成的影响，对家庭的打击是毁灭性的！幸福的家庭可能瞬间破碎，兄弟姐妹，当警醒，当三思。

这些掉队的兄弟，都还年轻，正处于事业和人生的黄金时期，因一时贪念，身陷囹圄，名誉扫地。很多人从名牌大学毕业，经过层层选拔后加入公司，本是非常优秀的，一旦东窗事发，自己人品、口碑扫地，更令师长、父母、亲人蒙羞，一生蒙上污点。"君子爱财，取之有道"，确实，社会是浮躁了，外部环境有不良影响，但内因还是放松自律、触及法律底线。

这里，我也特别想和干部谈谈，你的团队是否会有人掉队？你又应该担负什么责任？管理者绝不能独善其身，你的团队出现较多的腐败或者窝案，一定是你的团队管理出了问题。要反思你对公司核心价值观的宣传是否到位，你的激励是否公平，真正贯彻以奋斗者为本，你对业务流程风险的建设是否到位，等等。腐败是消费者业务健康发展的高压线问题。从严管理、预防腐败，本身就是业务的一部分。

公司在处理BCG①问题上，始终坚持宽严并济，对于主动申报的员工，将从轻或免于行政处罚，并对申报内容保密。作为消费者BG的CEO，我也无权知道自我申报信息。自我申报不公开，不秋后算账。公司审计稽核主动查处的则将从严处理，移交司法会是常态。

请已经走错一步的同事们务必停下认真想一想，让良知战胜侥幸，放下包袱，主动申报是自我救赎的唯一途径。

---

① Business Conduct Guideline 的缩写，即商业行为准则。

干部一定要把公司的这些政策反复沟通给每个员工。

"没有什么能阻挡我们前进，唯有内部的惰怠与腐败"。消费者业务，是 10 多年来上万位同事奉献了最宝贵的青春年华，付出了常人难以承受的长年艰辛，才换来了今天的局面，来之不易。

今年 7～8 月份，消费者 BG 将给部分绩优员工及关键人才涨薪，后续视经营情况，将在 Q4[①]进行年度调薪审视。9～10 月还将启动 TUP[②]计划与虚拟受限股的激励分配。

我对未来充满信心，请大家珍惜事业机会，用诚实劳动换取合理回报，让人生充满正气和正能量。

余承东

2014 年 7 月

在该邮件中，余承东反省到，近几年来华为消费者 BG 不断出现一些员工因腐败问题而掉队的情况，其中不乏一些名牌大学毕业生，因一时贪念拿了经销商的好处费而"身陷囹圄，名誉扫地"。

华为终端业务覆盖华为手机、平板电脑、移动宽带、家庭终端、家庭媒体终端产品和模块产品、智慧企业等解决方案服务。2013 年，华为实现全年销售收入 2390 亿元人民币，同比增长 8.5%。其中终端销售收入达 570 亿元人民币，同比增长 17.8%，成为华为增长最快的业务板块。[③]

---

① 第四季度。
② Time Unit Plan 的缩写，即奖励期权计划。
③ 王珍. 华为内部拍苍蝇：终端业务成重灾区 [N]. 第一财经日报，2014-09-09.

据媒体报道，华为内部腐败多发生在申请产品折扣上。华为产品折扣体系复杂，正常折扣之外还有公司级折扣。

"公司级折扣和正常折扣之间区别很大。"一位内部人士接受媒体采访时介绍称，折扣越大，经销商获利空间就越大。为了多拿产品，获得更多产品折扣，有些经销商开始向华为员工行贿，甚至发展到最后，也有华为员工开始伸手索要好处费。

针对此问题，华为做了大量调查，查实涉及腐败的69家经销商中，属于华为员工索贿的有53家，主动行贿华为员工的经销商有16家。

早在2013年年初，华为总裁任正非在董事会自律宣誓大会上，就意味深长地指出，公司最大的风险来自内部，"必须保持干部队伍的廉洁自律"。

在媒体公开专访中，任正非强调，没什么可以阻挡华为公司的前进，唯一能阻挡的，"就是内部腐败"，"腐败就是毒药"。他在内部也多次表示，如任由腐败发生，不在制度上做更多改进和强化教育，公司就会走向灭亡。①

干部离任要审计，在任也要审计

腐败问题一直困扰每一个领导者。不仅国家存在腐败，社会组织也同样存在腐败，特别是一个以财富增长为核心目标的功利性企业中，腐败问题尤为严重。据华为顾问田涛提供的数据显示："华为历史上这种

---

① 王珍. 华为内部拍苍蝇：终端业务成重灾区 [N]. 第一财经日报，2014-09-09.

问题也不少，比如关联交易，每年的销售额，十年前也是五六百亿元人民币，五六百亿元人民币要靠大量的供应商支撑。这里面当然就会产生关联交易问题。2006 年，在马尔代夫的一家度假酒店，公司召开了一次高层会议，专门讨论清理关联交易。从任正非开始，所有公司高层跟华为有关联交易的亲戚朋友的公司全部被清理。在此基础上进行从上到下的干部廉政宣誓活动，从此这个事情就坚持下来了。今天还有没有？我相信现在少多了，但是，关键还需在制度上解决问题。"①

为了解决腐败问题，华为设立了一个审计部，上至任正非，下至每一个一线员工，所有报销单都必须审计。据说，任正非有一次去日本出差，把酒店洗衣服的费用也填到报销单里，其后被审计查出来了。于是审计部的经理找任正非"谈话"，不仅要让任正非退回报销的洗衣服费用，还得写检讨。

华为规定，所有人出差乘坐飞机时，都不能坐头等舱。尽管任正非已过 70 岁了，但只要坐头等舱，他就要自己补上超出的费用。所以，任正非每出一次国，也就得"补"一次。

为此，华为顾问田涛直言，其实华为最可怕的不是腐败和"山头"问题，而是惰怠，是组织疲劳。历史是最可怕的敌人，一个人青少年时期生机勃勃，犯得起错误，一个组织也是如此，早期可以不断去尝试失败，在失败中找到成功的路径。但到一定阶段，当这个组织有了历史，组织就开始慢慢变得板结起来。控制多一点儿，还是控制少一点儿，常常是一个无解的话题。

华为干部离任要审计，在任也要审计。在题为《内外合规多打粮，

---

① 引自田涛在华西希望集团的讲演。

保驾护航赢未来》的讲话中，任正非说道："公司培养一个干部很不容易，常务董事会研究处理干部，每次给我汇报时，我都很痛心。其实通过努力为公司做出贡献而获得的利益更大，华为总体待遇不低，高级干部的待遇收入更高。为了一点小小利益去做不正确的事，不值得！对干部的离任和在任审计，其实就是在关怀爱护干部，让干部至少不要把坏事做大了。惹大了事，坐牢不舒服，就地司法制度改革后会更痛苦，国外的牢坐得更不舒服。"

任正非解释道：

第一，审计调查问题，首先是无罪论定。必须要有证据，没有证据不能随便伤害一个干部；同时要有科学的方法，实事求是的方法，要尊重人权。干部要严格要求自己，尽量不要出这样的问题。当出现问题时，我们想同情也没有用，如果我们都很有情，最后摧毁的只能是好人。现在公司90%以上都是好人，不能让几个坏人把公司毁了。如果确有证据，要有理、有力、有节，不要无情打击，那样不能解决问题。

第二，评功摆好不是审计人员的责任，这是最高领导层的责任，"功"和"过"是两回事。

审计本着实事求是的原则，把问题调查清楚，处理问题交给HRC①的纪律与监察分委会，查处分开。我们要把"功"和"过"分开，如果这个人有"功"，就宽容了他的"过"，这样就建立不了铁的组织纪律。审计人员要有独立的能力，既

---

① Human Resource Consultant 的缩写，即人力资源顾问。

要坚持原则，同时又要有方法。希望审计人员向古代御史学习，一定要敢于审查，还要善于审查。培养一批既能够坚持原则又善于坚持原则的人，对公司很重要。

因此，为了根除华为存在的黑洞，在变革时，任正非强调华为人面对变革要有一颗平常心，要有承受变革的心理素质。在华为的内部讲话中，任正非告诫华为人：

我们要以正确的心态面对变革。什么是变革？变革就是利益的重新分配。利益重新分配是大事，不是小事。这时候必须有一个强有力的管理机构，才能进行利益的重新分配，变革才能运行。在变革的过程中，从利益分配的旧平衡逐步走向新的利益分配平衡。这种平衡的循环过程，是促使企业核心竞争力提升与效益增长的必需。但利益分配永远是不平衡的。我们在进行岗位变革也是有利益重新分配的，比如"大方丈"变成了"小方丈"，你的"庙"被拆除了，不管叫什么，都要有一个正确的心态来对待。如果没有一个正确的心态，我们的变革是不可能成功的，不可能被接受的。特别是随着IT体系的逐步建成，以前的多层行政传递与管理的体系将更加扁平化。伴随中间层的消失，一大批干部将成为富余，各大部门要将富余的干部及时输送至新的工作岗位上去，及时地疏导，才能避免以后的过度裁员。我在美国时，在和IBM、Cisco①、Lucent②等几个大公司领导讨论问题时谈到，IT是什么？他们说，IT就是裁员、裁员、再裁员。以电子流来替代人工的操作，以降低运作成本，增强企业竞争力。我们也将面临这个问题。伴随着IPD③、ISC④、财务四统一、支撑IT的网络等逐步铺开和建立，中间层消失。我们预计我们大量裁掉干部的时间大约在2003年或2004年。

今天要看到这个局面，我们现在正在扩张，还有许多新岗位，大家要赶快去获取这些新岗位，以免被裁掉。不管是对干部还是普通员工，裁员都是不可避免的。我们从来没有承诺过，像日本一样执行终身雇佣制。我们公司从创建开始就是强调来去自由。内部流动是很重要的，当然这个流动有升有降，只要公司的核心竞争力提升了，个人的升、降又何妨呢？"不以物喜，不以己悲"。因此，我们各级部门真正关怀干部，就不是保住他，而是要疏导他，疏导出去。

---

① 思科。
② 朗讯。
③ Integrated Product Development 的缩写，即集成产品开发。
④ Integrated Supply Chain 的缩写，即集成化供应链。

第二节　华为不因腐败而不发展，
　　　　也不因发展而宽容腐败

在 2016 年 12 月 1 日召开的华为监管体系座谈会上，作为华为创始人的任正非，发表了题为《内外合规多打粮，保驾护航赢未来》的讲话。

在讲话中，任正非总结了组织没有纪律就没有发展的力量的经验。在任正非看来，华为发展快而腐败少，得益于在管理和控制领域做出的努力。

为此，任正非对华为公司的整体内控监管的评价是，相比华为的业务发展和组织规模，华为公司问题相对较少，而且处于明显减少的趋势。任正非表示，"应该给每个人发一个奖章，奖牌上刻'英雄万岁'"，"虽然你们看公司的问题很多，但我们看总状况应该还是好的，绝对的纯洁不存在，我们追求相对的纯洁"。

2015 年华为的流水是 1 万亿美元，2016 年是 1.5 万亿美元左右。任正非表示，每张单据的流水都可能有猫腻，但没有想象的多，这主要还是监管内控的贡献，"当我们的销售收入达到 2000 亿美元的时候，流水可能达到五六万亿美元，如果这么大的流水还没有出现大问题，从正面来看，内控做了很大贡献"。

任正非认为，公司不因为腐败而不发展，也不因为发展而宽容腐败。华为要建立严格而不恶的规则，加强问责制的实行。他同时还强调，监督岗位工作要从成功走向科学化、程序化，改进方法，提高技

能；干部离任要审计，在任也要审计；内控、监管不是阻止速度，而是让流程顺畅后速度更快。^①

华为设置内部控制的三层防线

任正非在题为《内外合规多打粮，保驾护航赢未来》监管体系座谈会上的讲话中开篇就谈道："华为公司建立起这支监管队伍不容易。一个组织要有铁的纪律，没有铁的纪律就没有持续发展的力量。华为最优秀的一点，就是将17万员工团结在一起，形成了这种力量。公司发展这么快，腐败这么少，得益于我们在管理和控制领域做出的努力。虽然，在你们眼中仍然能够看到公司存在这样或那样的问题，但相比我们的业务发展，相比我们的组织规模而言，这些问题已经相对较少，而且处于明显减少的趋势，这里面有你们的功劳。"

基于此，任正非提出了自己的看法："我个人建议在内控、内审、稽查、CEC^②、法务、信息安全、子公司董事等监督岗位工作的所有员工，只要有三年以上的监管岗位工作经历，就应该给他们每个人发一个奖章，奖牌刻上'英雄万岁'。不仅是在座各位，前线监管岗位的员工比你们还辛苦，有好事也不能漏掉他们。"

在任正非看来，华为公司发展得越快，管理覆盖就越不足，暂时的漏洞也会越多。因此，任正非在题为《内外合规多打粮，保驾护航赢未

---

① 搜狐网 . 任正非谈华为内部监管：干部离任要审计，在任也要审计 [EB/OL].2017. http://news.sohu.com/20170118/n479006724.shtml?fi.

② Committee Ethics and Compliance 的缩写，即道德遵从委员会。

来》的讲话中介绍，华为设置了内部控制的三层防线，具体如下：

第一层，业务主管或流程主管，是内控的第一责任人，在流程中建立内控意识和能力，不仅要做到流程的环节遵从，还要做到流程的实质遵从。流程的实质遵从，就是行权质量。落实流程责任制，流程主管或业务主管要真正承担内控和风险监管的责任，95% 的风险要在流程化作业中解决。业务主管必须具备两个能力，一个能力是创造价值，另一个能力就是做好内控。

第二层，内控及风险监管的行业部门，针对跨流程、跨领域的高风险事项进行拉通管理，既要负责方法论的建设及推广，也要做好各个层级的赋能。稽查体系聚焦事中，是业务主管的帮手，不要越俎代庖，业务主管仍是管理的责任人，稽查体系是要帮助业务主管成熟地管理好自己的业务，发现问题、推动问题改进、有效闭环问题。稽查和内控的作用是在帮助业务完成流程化作业的过程中实现监管。内控的责任不是在稽查部，也不是在内控部，这点一定要明确。

第三层，内部审计部是司法部队，通过独立评估和事后调查建立"冷威慑"。审计抓住一个"缝子"，不依不饶地深查到底，碰到有大问题也暂时不管，沿着这个小问题把风险查清、查透。一个是纵向的，一个是横向的，没有规律，不按大小来排队，抓住什么就查什么，这样建立"冷威慑"。"冷威慑"，就是让大家都不要做坏事，也不敢做坏事。

关闭廉洁账户，加强问责制

在华为的发展过程中，如何防止腐败和官僚主义的问题一直困扰着任正非。1998年，华为成为中国大陆地区最大的通信设备制造商。当时，任正非已经意识到，华为规模的快速膨胀无疑会影响其自身的生存，这样的发展速度意味着巨大的危机和压力。

在任正非看来，当时的华为"尽管取得产品技术突破，也不能打遍全世界，在家门口也未必有优势。现在是有机会也抓不住，最多在中国非主流市场上打了一个小胜仗"。

任正非的忧虑是正确的。跨国企业在经营中，不仅拥有完善的制度化管理，同时资金和技术实力都较为雄厚。要想与之竞争赢得胜利，制度化的管理就是一道华为不得不迈过的门槛。在题为《内外合规多打粮，保驾护航赢未来》的讲话中，任正非说道：

> 现在大事大案建立了机制，培养了队伍，要继续抓好单据的入口管理，不要淤泥堆积。第一，要建立严格而不恶的规则，明确收到供应商、客户等人的单据、投诉的事务性员工，必须当天或者不迟于第二天，将消息贴在公告栏上；一周内必须把单据整理好上传，并给客户开具通知，审计凭此查不作为员工。前五年有意迟滞单据传递的，接受过供应商旅游度假等事务性的员工要反思，不合适的员工要进入末位淘汰资源池，但仍可以在职在岗自省。轻者可以降职降薪，弃除虚拟股ESOP①或TUP。大胆把责任心强的员工破格提拔起来。我们在主航道上已经实现了账实相符的伟大，可以把一些优秀员工破格提拔起来，开进后勤及一些边缘业务地带，全面实现账实相

---

① Employee Stock Ownership Plan 的缩写，即员工持股计划。

符，切实解决"小鬼难缠"的问题。数据透明是监管的基础，也是防腐的基础。

第二，人力资源的正向分配，就是干好了多分钱。现在公司的利润很多，都是大家创造出来的，既然大家能创造出来，为什么还要去偷鸡摸狗呢？没有必要。所以，一方面，我们用正向分配引导大家不要犯错；另一方面，用"冷威慑"来控制公司不要出现大问题。这样我们一边前进，一边就完成了对自己的整改。从混乱走向有序，需要时间，需要过程，所以我们需要这么一支庞大的监督队伍，站在我们的旁边，时刻提醒和警示我们需要努力改进的地方。

第三，加强问责制的实行。在过渡时期，通过设置廉洁账户给大家一个改过自新的机会。没有了廉洁账户，大家就要更加严格地要求自己。关闭廉洁账户，并不是反腐减弱了，而是更进一步加强对队伍的约束。"就地司法"就是一种形式。通过问责体系的建设，让大家愿意按照正确的规则做事，愿意尽职尽责地做事。

在这场变革中，实现制度化管理，就必须清除"组织黑洞"。华为的这场轰轰烈烈的变革与自我批判，实则源于华为这个组织的"山头"、腐败与惰怠。其实，当任何一个企业发展到一定规模后，"山头"、腐败与惰怠这样的问题就会开始集中出现。

第三节　监督岗位更多履行个人负责制，
　　　　要敢于坚持原则，实事求是

　　在领导华为发展壮大的过程中，任正非看到了诸多问题，当华为面临员工疲劳、缺乏工作激情这个最大挑战时，华为的管理变革因此拉开序幕。在华为顾问田涛看来，一个人保持阶段性的活力、激情是容易做到的，一个组织保持两年、三年、五年的活力也是相对容易的。但是，要持久地保持激情与活力，大概是组织领导们所随时面临的难题。

　　导致企业过早衰退的一个原因就是员工疲劳。田涛分析认为，一个新员工刚加入企业时，其态度都是积极、向上的。当新员工变成老员工，一个新士兵变成一个"兵痞"时，该员工就缺乏当初加入企业时的工作激情了。就如同一匹马从战马变成懒马、变成病马时，该马群无疑会出现类似于传染病一般的普遍惰怠与散漫，其后果是非常严重的。在题为《内外合规多打粮，保驾护航赢未来》的讲话中，任正非说道：

　　　　监督岗位可以实行个人负责制，在事实面前要敢于坚持原则，不要总看AT①的脸色。敢于负责、个人表现突出的优秀员工，要尽快被升级、被破格提拔。我们要加强这个队伍的组织建设，充实优秀骨干。人力资源已经在做这个事，你们也可以申诉。我们认为，监督岗位人员的升迁、降调问题，不一

---

① Administration Team 的缩写，即行政管理团队。

定是当地 AT 说了算，而且应该不是同级 AT 管，可能由上一级 AT 或者再上一级的 AT 管。

人力资源要把审计、内控、稽查等作为主要战略来抓，监管也产生效益。公司发展得快，可能问题就会多一点，所以要加强监管队伍建设，将干得好的人员职级都升快一些，低职级的员工是管不住高职级干部的。

我们一贯主张，同一职级上，监督岗位应比其他岗位高一两级的工资，但是不同意给项目奖，以避免发生很多冤假错案。坚持实事求是，如果调查下来没有什么问题，方法很好，管理很好，也该奖励。

监督岗位工作要从成功走向科学化、程序化

在任正非看来，一个企业运作时间长了，员工就会自动产生惰性，因此，要不断地改良、变革，但变革与华为的自我批判一样，不能是暴风骤雨式的肆虐侵袭，而应是春雨润物，无声渗透。[①]

究其原因，正如生理学家所强调的那样，人类都是带着病毒来到这个世界上的。马克思为此分析说："人从出生之日起，就大踏步地向坟墓迈进。"

不管是生理学家，还是马克思，都在强调生命周期。其实，作为一

[①] 中国企业家编辑部 . 任正非总结华为成功哲学：跳芭蕾的女孩都有一双粗腿 [J]. 中国企业家，2014（10）.

个组织，其生命周期同样如此。组织创建时大都是生机勃勃，然而，随之而来的就是各种腐蚀、侵蚀组织的"病症"。

对此，美国管理学家伊查克·爱迪思（Ichak Adizes）曾经花费20多年的时间来研究企业是如何发展、老化和衰亡的。在《企业生命周期》一书中，伊查克·爱迪思把企业生命周期分为十个阶段，即：孕育期，婴儿期，学步期，青春期，盛年期，稳定期，贵族期，官僚化早期，官僚期，死亡。请参见图8-1。

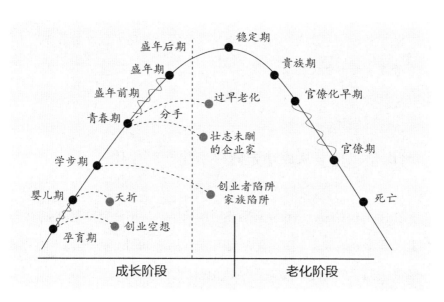

图 8-1 企业生命周期示意图

在爱迪思的这个类似山峰轮廓的企业生命周期曲线中不难看出，有的企业可以在这条曲线上延续几十年甚至上百年。然而，成千上万的企业还没走完这条曲线就倒闭了，它们仅仅存在几年或十几年，甚至还在成长阶段就夭亡了。

在爱迪思看来，企业在成长中会遇到许多陷阱。很多企业面临的最大问题是"第二次或第三次创业"的陷阱，尤其是民营企业。这时企业基本上已经发展起来了，处在学步期或青春期，将要从创业型转为管理型，进行较大的跳跃。爱迪思指出的创办人或家族陷阱，也正是民企关心的如何超越家族制的问题。而这恰恰是企业最危险的一个陷阱。[①]

其实，企业生命周期的理论不仅存在于企业中，也存在于任何一个组织中。事实证明，任何一个组织衰落，其病症的根源在于人性。很多西方组织管理学家都一直认为，人类与生俱来就存在自私、懒惰、贪婪等诸多弱点，当这群人组成一个组织时，无疑对组织的生存、发展到终结的生命周期起到推波助澜的作用。

在题为《内外合规多打粮，保驾护航赢未来》的讲话中，任正非说道：

第一，内控推行SACA[②]这些制度，慢慢让我们这些"农民"有点国际接轨，但是还要学习。在金融的内控上，我们引进了英国的专家，后来又在美国、日本建立金融风险控制中心，让我们公司在经济大波浪中的风险变小。美国总统竞选给了我一个很大启发，"通过一个新法律，必须关掉两个旧法律"，这就抓到了美国政府复杂化的症结。我们公司也计划通过《关于"1130日落法"的暂行规定》：在IPD、SUP、MFIN、LTC、DSTE、SD等成熟流程领域，每增加一个流程节点，要减少两个流程节点；或每增加一个评审点，要减少两个评审点。这样

---

① 伊查克·爱迪思.企业生命周期[M].北京：中国社会科学出版社，1997.
② Semi-Annual Control Assessment 的缩写，即半年控制评估。

用三至五年时间，让我们内部管理逐步简化。我们不能把管理越搞越复杂，不是增加审批点，就一定会有好的结果。增加审批点，可能会越搞越复杂，最后的结果是漏洞越多，越容易出问题。我们主要是以"产粮食"为中心，变革成功与否看是不是多产了"粮食"，稽查成不成功也要看是否多产"粮食"。

第二，发现问题，我们对前因后果都要分析，而且要对行政主管问责，他们要承担责任。怎么问责？比如代表处出现生命质量事故，将前因后果全分析清楚以后，他们内部要开会、要反思，而且还要问责，对主管处分。如果我们总心疼有些干部，那是不行的。有些人犯了错误，只要在一定期限内改正不再犯，就可以在档案中消除记录。处理人是有分寸和水平的，但是该"杀头"时还得"杀头"，你可以先把他的"头"砍了，半年以后再把"头"给他装上去嘛。这类事情不能轻描淡写，否则我们就永远不能建立一支优秀的作战队伍。你们可以构建一些合理的通报制度（比如在心声社区上通报），但是通报内容一定要准确，一定要真凭实据，而且最好要与当事人沟通过。我号召内控、稽查、审计，一定要想办法升华理解自己，把自己的行为、动作规范化，我们要坚信能做出一套好的体系来。

第三，子公司监督性董事会经过三年运作，已经逐渐走向成熟，所以让你们先慢慢去实践，学会转身。子公司董事会要真正发挥出内外合规监管的责任，对外合规是以"产粮食"为中心，内部监管不能比外部要求还激进，要保持在一个合理范围内。子公司董事会为将来合同在代表处审结打下了基础，我要感谢你们。我们的目的还是要"产粮食"，"产粮食"不要担负很多外部风险，这就是政策与策略。

在任正非看来，"发展永远没有终结，内控永远不会结束。奖章只是阶段性的纪念，不是终结。如果说还有不足的地方，就是要改进方法，进一步提高自身技能，因为目前大家只是抓具体的事，从流动数据上还发现不了问题。辅助别人、帮助别人，自己也要成为伟大的人，从成功走向科学化、程序化，才是我们的目标。"

内控、监管不是阻止速度，而是让流程顺畅后速度更快

华为高调反腐规定显然是有的放矢，并非空穴来风。在此之前，同行业的中兴，在爆出腐败问题后，让华为觉察到，内部腐败的滋生，是公司出现问题的根源所在，是导致企业最终毁灭的关键。

这样的危机必须防范，因为腐败会让企业付出惨重的代价。早在2004 年，作为行业大佬的朗讯，被爆出内部腐败之后，朗讯公司臭名昭著。

这不仅让朗讯流失了大量的人力、物力，同时也让朗讯内部变得人心惶惶。尽管昔日辉煌，一夜倒下之后，想要翻身却并不容易。

作为学习标杆的朗讯这个巨头倒下了，让华为高层意识到，华为公司最大的风险不是来自竞争者，而是来自企业内部，保持干部队伍的廉洁自律才是保证华为长足发展的基础。2005 年 12 月，华为通过《EMT自律宣言》，并通过制度化宣誓方式要求所有干部。

华为这样的做法，是为了解决自身的干部腐败问题。2008 年，西门子高管巨额贿赂一案，更让华为坚定必须以严格的制度来杜绝腐败。西门子在部分国家的分公司均查出高管存在腐败、贿赂等行为，曾像"恶性肿瘤"般险些要了西门子的命。

在外界看来，企业内部反腐意识与自律意识存在短板，"内忧"导致"外患"。通过关联公司掏取上市公司利润，在日子较为好过的时候，似乎并不易被人察觉，而世道艰难之时危机因此而爆发。为此，在题为《内外合规多打粮，保驾护航赢未来》的讲话中，任正非说道：

> 公司很多人仍不重视内控建设，可能是我们过去人力资源评价体系存在问题，只看拿到多少合同；很多人自己不做坏事，就认为别人也不做坏事。为什么要搞监管重装旅呢？就是让业务主管来训战赋能，知道什么叫监管。我们要努力，不能惰怠，内控、监管不是阻止速度，流程顺畅了，速度更快嘛！你们看，高铁跑得很快，但没有内控能行吗？高铁就是流程内控做得很好，从北京直达深圳的列车，一站都不停，一整夜要经过多少监控点，但并没有阻挠它的速度。另外，在审结点实行大部门制，一个部门只有一个审结点。这个审结点是有时限的，过了时限就自动通过，出了事追究评审点的责任，这样我们才能像高铁一样运行有效率。
>
> 2017 年我们将会对几个代表处实行全授权管理试点，实施业务授权试点、内外合规试点、稽查试点、监控试点，等等。比如试点合同在代表处审结，现在公司每年有 1.1 万多个合同，全球有 430 万个站点，每年新增站点或机器扩容是 96

万个。现在的模式是每个站点合同信息全部传回公司，包括每颗螺丝钉、每根线；然后公司专门有一批人读这些厚厚的信息，读完后就往上传；然后又要很多人要去读……这就是我们管理水平低，浪费了很多管理精力。所以将来授权前移，同时代表处的稽查、内控监管作用还要加强，走顺以后再逐渐减少编制，否则公司不可能迎接2000亿美元销售收入的增长。

监督体系本身是公司很重要的支柱之一，没有这个支柱，华为公司怎么会有明天？而且明天更复杂、更艰难，在这种情况下做好监管更不容易。你们也要传帮带，让更多新人一代代涌入，公司不能在我们的手里终结。华为公司最宝贵、最伟大的财富就是我们的管理平台，如果公司的生命终结，这个平台也就一文不值了。所以我们一定要维持生存，维持生存的根本就是不能腐败！

在任正非看来，内控、监管让华为有效地发展，因此，这样的机制不仅不会阻止华为的发展速度，反而让华为的流程更顺畅地进行。众所周知，在企业业务中，腐败的病毒肆虐往往会使得企业信誉受损，华为的老对手中兴就未能避免。中兴暴露出的一系列问题，自然警示这家公司可能正处于危险之中，这也是迫使华为重磅反腐的一个外在原因。

第 **9** 章

市场拓展管理哲学：
"以农村包围城市"

CHAPTER 9

　　中国市场是金字塔型的，塔尖部分是北京、上海、广州，往下是大中城市、小城市，塔基是广大的农村地区。其实市场越往下越大，下面消费者没有想象中那么穷，消费能力也不弱。一线城市你全占满了，也还不到下面市场的 1/10。

——华为创始人 任正非

第一节　"农村包围城市"的战略逻辑

　　不可否认的是，在企业的经营中，抢地盘、迅速占领市场，这其实就是毛泽东思想的商业精神体现。这就是为什么中国企业家热衷于把企业竞争策略作为类似军事战争的策略来制定的原因。在完全市场竞争的环境中，必然是优胜劣汰。

　　企业初创时，生存和发展才是其首要的战略任务。尽管"农村包围城市"这样的战略理论被质疑，但其实际指导意义却无法被否认。对于任何一个创业企业来说，农村市场是个巨大的战略空间，可以保证初创企业的生存和发展，甚至做强做大。

空隙在哪里，机会在哪里

　　我们研究中国企业家的各种讲话后发现，诸多中国当代企业家毫不掩饰自己对毛泽东的崇拜，包括任正非、柳传志、鲁冠球、宗庆后、史玉柱等知名企业家。

　　巨人创始人史玉柱，公开承认自己是毛泽东军事思想的"头号粉丝"。20世纪90年代，史玉柱在经营巨人集团时，曾仿效毛泽东在解放战争时采用的军事体制，在深圳设总指挥部，将各级总经理都改称"方面军司令员"或"军长""师长"。

相比史玉柱，南德创始人牟其中可谓是极具争议，在公开场合，牟其中是毛泽东的坚定拥护者，不但在外表上模仿毛泽东的发型，还特意到长江"中流击水"，甚至在谈到毛泽东时都会"眼眶泛红"。

上述两位企业家的事例足以说明，在中国企业家的商业理念和思想性格中，毛泽东思想是滋润他们商业感悟的一块重要土壤，他们甚至在制定战略决策时，都有挥之不去的毛泽东情结。

在一些学者看来，企业家崇拜毛泽东，可能与他们出身、受教育的年代有着某种关联。研究发现，当下知名的中国企业家中，就有不少出生于20世纪五六十年代。在《中国企业家为何崇拜毛泽东：任正非是毛氏门徒》一文中，作者写道："从社会观念来看，把毛泽东视为世界上最伟大的舵手、导师、领袖是十分正常的事。"

该文作者分析道："我们知道，人在幼年时期形成的观念通常会潜移默化、伴随一生，当这些成长于'特殊年代'的年轻人日后成为企业家，他们自然有了充分的自由去表达他们对这位伟人的崇敬之情。"

客观地讲，该学者的观点还是蛮公正的，接受什么样的土壤孕育，通常都会结出什么样的果实。不过，当我们按照企业家的出生代际和中国企业的发展脉络的逻辑进一步梳理时，竟然发现，当下中国企业家对毛泽东的崇拜更有深层次的战略驱动因素，也就是说，他们崇拜毛泽东不是"一代人的青春记忆"那么简单。

我们走进大型的书店就可以发现，在琳琅满目的财经类书架上，"毛泽东思想与企业管理""毛泽东思想与商战"类别的书籍不胜枚举。

成千上万的企业家把毛泽东思想,尤其是他的军事思想运用到企业的治理当中,而且卓有成效。比如"农村包围城市"的市场战略。

在中国,一部分企业家非常崇尚"农村包围城市"这个战略思想。不管是"饮料教父"娃哈哈创始人宗庆后,还是"通信教父"华为创始人任正非,抑或是"保健品教父"巨人创始人史玉柱等,都将其作为企业的重要商业战略。

这是一个非常值得研究者关注的现象。在中国,为数众多的企业家不仅关注商业管理和品牌运营的书籍,同时还热衷于讨论战争和军事思想,甚至依靠军事化的管理模式在与竞争者的较量中赚取了自己的第一桶金。

当这种现象成为一种常见的蝴蝶效应后,似乎暗含一种理论,至少说明了在某一历史阶段,新时代的中国企业发展环境与军事势力割据时期的中国有某种相似的地方。否则,这种依托于军事思想的商战策略是不可能奏效的。

初创企业的生存与发展机会

当城市被巨型企业垄断时,仅有一点资金和技术的初创企业,倘若与实力和资金雄厚的巨型企业正面较量,肯定是不明智的。

对于任何一个初创组织经营者来说,海量的用户群更容易吸引他们进攻城市。在新中国的建立中,到底是先拿下城市,还是先拿下农村,这个问题同样被争论许久。在经历了诸多教训后,作为新中国开创者的毛泽东,摒弃陈腐的观念,毅然选择了先拿下农村,再进攻城市的战略决策。

在《星星之火，可以燎原》一文中，毛泽东谈道："在对于时局的估量和伴随而来的我们的行动问题上，我们党内有一部分同志还缺少正确的认识。他们虽然相信革命高潮不可避免地要到来，却不相信革命高潮有迅速到来的可能。因此他们不赞成争取江西的计划，而只赞成在福建、广东、江西之间的三个边界区域的流动游击，同时也没有在游击区域建立红色政权的深刻的观念，因此也就没有用这种红色政权的巩固和扩大去促进全国革命高潮的深刻的观念。他们似乎认为在距离革命高潮尚远的时期做这种建立政权的艰苦工作为徒劳，而希望用比较轻便的流动游击方式去扩大政治影响，等到全国各地争取群众的工作做好了，或做到某个地步了，然后再来一个全国武装起义，那时把红军的力量加上去，就成为全国范围的大革命。他们这种全国范围的、包括一切地方的、先争取群众后建立政权的理论，是于中国革命的实情不适合的。他们的这种理论的来源，主要是没有把中国是一个许多帝国主义国家互相争夺的半殖民地这件事认清楚。"

毛泽东的理由是："如果认清了中国是一个许多帝国主义国家互相争夺的半殖民地，则一，就会明白全世界何以只有中国有这种统治阶级内部互相长期混战的怪事，而且何以混战一天激烈一天，一天扩大一天，何以始终不能有一个统一的政权。二，就会明白农民问题的严重性，因之，也就会明白农村起义何以有现在这样的全国规模的发展。三，就会明白工农民主政权这个口号的正确。四，就会明白相应于全世界只有中国有统治阶级内部长期混战的一件怪事而产生出来的另一件怪事，即红军和游击队的存在和发展，以及伴随着红军和游击队而来的，成长于四围白色政权中的小块红色区域的存在和发展（中国以外无此怪

事）。五，也就会明白红军、游击队和红色区域的建立和发展，是半殖
民地中国在无产阶级领导之下的农民斗争的最高形式，和半殖民地农民
斗争发展的必然结果；并且无疑义的是促进全国革命高潮的最重要因
素。六，也就会明白单纯的流动游击政策，不能完成促进全国革命高潮
的任务，而朱德毛泽东式、方志敏式之有根据地的，有计划地建设政权
的，深入土地革命的，扩大人民武装的路线是经由乡赤卫队、区赤卫大
队、县赤卫总队、地方红军直至正规红军这样一套办法的，政权发展是
波浪式地向前扩大的，等等的政策，无疑义的是正确的。"

在毛泽东看来，弱小的组织不应该与实力强大的巨型组织硬碰硬地
对抗，最好的办法就是先到巨型组织实力薄弱的地方去。

毛泽东的战略思路值得中国企业经营者借鉴。对初创企业来讲，由
于资金薄弱，技术实力不够雄厚等原因，在与巨型企业的竞争中无疑处
于劣势，但是，并不等于初创企业就没机会生存和发展。

"利基市场"的洞里乾坤

大量研究表明，几乎在每个行业中，在不同的时代，都有一些中小
企业能够脱颖而出。究其原因，这些初创企业经营者非常清楚，与巨型
企业硬碰硬竞争与较量，无疑是以卵击石。他们于是专心致力于市场中
被巨型企业忽略的区域，以及某些细分市场，通过专业化经营来获取最
大限度的收益，挖掘潜力巨大的"利基市场"。

所谓"利基市场"，是指那些被市场中的统治者或者有绝对优势的
企业忽略的某些细分市场。基于此，初创企业经营者选定一个狭小的产

品或服务领域，集中有限力量进入并成为其隐形冠军，从当地市场到全国再到全球，同时建立各种壁垒，逐渐形成持久的竞争优势。其特征主要有以下几个：

第一，狭小的产品市场，宽广的地域市场。初创企业经营者实施利基战略的起点，是自己选准一个比较小的产品或者服务，然后集中有限的全部资源攻击很小的一点，在局部形成必胜力量；同时，以一个较小的"利基产品"，占领宽广的地域市场，产品有非常大的市场容量，才能实现规模经济，经济全球化的市场环境正好为其提供了良好条件。

第二，具有持续发展的潜力。一是要保证企业进入市场以后，能够建立起强大的壁垒，使其他企业无法轻易模仿或替代，或是可以通过有针对性的技术研发和专利，引导目标顾客的需求方向，引领市场潮流，以延长企业在市场上的领导地位；二是这个市场的目标顾客将有持续增多的趋势，利基市场可以进一步细分，企业便有可能在这个市场上持续发展。

第三，由于市场推广成本过大，以至于强大的竞争者对该市场不屑一顾。既然被其忽视，初创企业经营者也可以在强大的竞争对手的弱点部位寻找可以发展的空间。所谓"弱点"，就是指竞争者在满足该领域消费者需求时所采取的手段和方法与消费者最高满意度之间存在的差异，消费者的需求没有得到很好的满足，这正是取而代之的市场机会。

第四，初创企业所具备的能力和资源与该市场提供优质的产品或服务相称。这就要求初创企业经营者必须审时度势，不仅随时测试市场，了解市场的需求，还要清楚自身的能力和资源状况，量力而行。

第五，初创企业已在客户中建立了良好的品牌声誉，能够以此抵挡强大竞争者的入侵。

基于此，初创企业实施"利基战略"是充分满足特殊顾客群的完全需求而形成无法替代的市场，它以顾客、竞争、企业实力三者为基础，以顾客关系为最终着眼点，延伸初创企业的市场细分战略，从而有效地实施初创企业的目标聚集战略。因此，初创企业之所以能够在全球化的跨国企业竞争中生存，是因为初创企业能够快速锁定全球化的商业盲区，从而快速崛起。初创企业尽管规模较小，但是能有效实施市场"利基战略"，因为初创企业的"利基战略"已成为一种生存选择，以持之以恒的"利基态度"再加上不断创新的"利基手段"，才是初创企业持续成长并保持基业长青的根本法则。

第二节　华为凭什么从"农村突围"

事实证明，"农村包围城市"这个战略，不仅避免了国际电信巨头如阿尔卡特、朗讯、北电等扼杀华为于萌芽之中，更让华为积累了资金和研发能力，获得了长足发展的机会，培养了一支精良的营销队伍，成长起来一个研发团队，为到"城市打巷战"积蓄了资本。

华为自主研制的策略，让华为在冒极大风险的同时也奠定了适度领先的技术基础，最终成为华为的一大资本。因此，在当年与华为一样代理他人产品的数千家公司，以及随后也研制出了类似的程控交换机的中国新兴通信设备厂商纷纷倒闭时，华为在广大的农村市场"桃花依旧笑春风"。

巨型企业无暇顾及广袤的农村以及三四线市场

当我们翻阅华为的资料时，有一个绕不过的战略，那就是"农村包围城市"。出于历史的原因，新中国是在一穷二白的基础之上建立的，因此，当中国实施改革开放政策后，中国的高科技市场几乎被跨国企业垄断。

回顾华为初创时，中国城市通信市场几乎被"七国八制"（指来自于欧美日等七个发达国家的八种交换机制式）垄断，要想从跨国巨头那里抢占中国城市市场，无疑比登天还难。

与众多的创业者一样，面对强敌，特别是跨国巨头的竞争，对创业初期的华为而言，"上刺刀肉搏"显然是不明智的，也是不现实的。究其原因，跨国巨头凭借雄厚的资金和技术足以把初创时期的华为"剿杀"在萌芽当中。

面临残酷的竞争环境，任正非只能采取迂回战术，避开与跨国巨头的直接竞争，大踏步地开始拓展农村市场，这是一个较为明智的选择。

华为在农村市场的节节胜利与跨国巨头没有精力拓展农村市场有关。究其原因，在跨国巨头的市场逻辑中，他们一向坚持高利润率，而农村市场的利润空间相对较小，跨国巨头不愿意花太多的成本去维系。相反，城市市场非常巨大，这使得农村市场成为"鸡肋"。跨国巨头之间竞争的阵地就是城市市场。

这就给华为一个千载难逢的好机会。在 20 世纪 90 年代的中国，巨大的农村市场依然属于"利基市场"。在这种状况下，华为轻而易举地控制了广大的农村市场。

任正非敏锐地洞察到，尽管农村市场的回报率较低，但是竞争非常小，甚至算是竞争的空白地带。在这样的背景下，只要能研发设计与跨国巨头功能相当的产品，就能够进入并赢得其市场。当 C&C08 交换机成功研发出来之后，华为的农村市场份额迅速地发展起来，积累了大量的创业资本。

"枪杆子出政权"，"农村包围城市"必须以研发为前导

创业初期的华为，凭借代理香港某公司的程控交换机获得了第一桶金后，任正非并不满足这种商业模式的追求，敏锐地意识到程控交换机技术在当时中国市场的巨大商业价值，特别是该项技术的应用性。在任正非的坚持下，华为将所有资金投入到研制自有技术中。

任正非的做法与其他企业家不同，在他们看来，当时的商业机会遍地都是，任正非却孤注一掷地搞研发。然而，正是任正非的远见，才成就了今天的华为。

有投入就有回报，尽管华为当时的资金有限，但是任正非毅然地搞研发，华为研发小组终于研制出 C&C08 交换机。

在此基础之上，随着华为研发实力的增强，华为在技术和资本上都有了足够的积累。于是，在一切准备就绪后，"城市攻坚战"打响了。当时，华为的品牌知名度较低，无疑不具备与跨国巨头竞争的任何优

势，拓展城市市场的难度可想而知。

面对如此竞争态势，任正非清楚地意识到，华为在抢占城市通信市场时，绝不能操之过急。每到一个城市，华为往往通过免费赠送产品的方式让客户试用，以此占据一席之地。

如华为在拓展四川通信市场时，上海贝尔已经占据了四川市场将近90%的市场份额，华为要从上海贝尔的手中夺得更多市场，将是场硬仗。面对强敌，华为并没有退缩。华为市场人员知道，要想把交换机打入四川市场，并且赢得胜利，必须制订极其周密的市场拓展计划。

华为拓展四川通信市场时，稳扎稳打地开拓农村市场。当华为在农村市场取得阶段性胜利后，才开始慢慢切入城市通信市场。

刚开始时，为了避开与上海贝尔的直接竞争，华为通过免费的方式为客户布设接入网。华为做得极为谨慎，直到华为在大部分地区都布好了网点，上海贝尔居然都没有察觉。有了接入网的铺垫，交换机的进入就容易多了。

上海贝尔发现华为的"野心"后，立即予以反击。面对上海贝尔的攻击，华为拿出自己的核心优势——低价策略和优质服务，终于击败了上海贝尔。

经过此战，数年苦心经营的、原本垄断了90%四川市场的上海贝尔元气大伤，而华为赢得了70%的市场份额。

研究发现，华为赢得70%的四川市场，离不开"农村包围城市"战略。农村市场的成功为华为积累了必要的资本和人脉，让华为有实力和竞争对手在城市通信市场打"持久战"。在国际市场，华为同样借鉴了这种策略，首先从发展中国家市场切入，然后转向发达国家市场，在国际市场上日益发展壮大。

在性价比等同时，实施价格战

当产品研发出来后，一个非常现实的问题就是如何销售。当时，世界跨国公司，特别是国际电信巨头都已经垄断中国市场，甚至盘踞各个省市多年，华为要想从这些财力雄厚、技术先进的巨型公司那里夺得市场份额，无疑是"虎口拔牙"。

一些学者撰文称，与世界跨国公司，特别是国际电信巨头直接竞争，未免是以卵击石。但中国人的韧性往往就在最为严峻时被激发出来，任正非获取市场的第一步就是采取低价策略——C&C08 交换机的价格是国外同类产品 1/3。

当华为 C&C08 交换机抢占一些市场后，国内市场迅速进入恶性竞争阶段，一些国际电信巨头依仗自己财力雄厚，有针对性地大幅降价，妄图将华为等国内新兴电信制造企业扼杀在摇篮里。

面对如此惨烈的竞争，熟读《毛泽东选集》的任正非借鉴了毛泽东的战略思维——"农村包围城市"。

据一名跟随任正非多年的老员工介绍，《毛泽东选集》是任正非最喜欢读的书。一旦有空闲的时间，任正非就琢磨毛泽东的兵法，把它用在华为的战略上。

在创业之前，任正非在部队服役时就是"学毛标兵"。我们仔细地研究华为的发展史就不难发现，华为的市场攻略、客户政策、竞争策略，以及内部管理与运作，都深深地打上传统权谋智慧和"毛式"斗争哲学的烙印。

在任正非的很多内部讲话和宣传资料中，字里行间都跳动着战争术语，如"华为的红旗到底能打多久""上甘岭是不打粮食的，但是上甘岭丢了，打粮食的地方就没有了"等，这些术语极富煽动性，以至于有研究者说，只要进入华为的人都会被洗了脑。

我们来分享一个较为典型的例子，在华为的创业初期，任正非运用"农村包围城市"战略，使得华为在企业的"丛林"里生存了下来。

1992 年，被任正非寄予厚望的、华为自主研发的交换机及设备推向市场后，为了避开当时把持中国市场的阿尔卡特、朗讯、北电等洋巨头的竞争锋芒，任正非以"农村包围城市"的战略迅速攻城略地，迫使中国市场上的通信设备价格直线下降。1996 年，任正非开始在全球依法炮制"农村包围城市"策略，蚕食欧美电信商的市场，成功地实现"诺曼底登陆"。

可以肯定地说，任正非正是选择了国际电信巨头无意，甚至是不屑的市场进行深耕。华为先占领阿尔卡特、朗讯、北电等国际电信巨头没能深入的，甚至是不屑的广大农村市场，然后再步步为营，最后占领城市市场。这条被称为"农村包围城市"的销售策略，避免了华为被国际电信巨头剿灭。

众所周知，对于电信设备制造来说，售后服务的要求非常高，售后服务不仅要花费大量的人力和物力，在偏远的地区，还要耗费巨额的成本。

当时，一些国际电信巨头，如阿尔卡特、朗讯、北电等，往往把分支机构设立在省会城市，以及沿海的重点城市。当然，这样做有其自身的战略考量，如果涉足偏远地区，自然就会摊薄其利润，因此他们无暇顾及广大偏远地区和农村市场。

基于此，华为可以畅通无阻地拓展其疆土，这正是华为作为本土企业的机会和优势所在。农村市场的实际购买能力有限，即使跨国公司的产品大幅地降价，这与农村市场的支付要求还是存在一定的差距。因此，国际电信巨头如阿尔卡特、朗讯、北电等基本上放弃了农村市场。

　　然而，这对于华为来说，偏远地区和农村市场尽管购买力不足，却如同"久旱巧逢甘露雨"，由于价格比国际电信巨头同类产品低 2/3，功能与之类似，C&C08 交换机的推广相当顺利，这给华为带来十分可观的利润。

　　随着时代的变迁，毛泽东的军事战略被引入到现代化的企业战略中，形成了独特的毛泽东式企业管理理论。

　　改革开放后，一些企业家在创业时，就开始用毛泽东思想创业和管理，如宗庆后、史玉柱、任正非等。可以肯定地说，他们是将毛泽东思想贯彻得最为彻底的企业家，也是毛泽东思想的忠实"粉丝"。

[1] 程东升，刘丽丽. 华为三十年：从"土狼"到"狮子"的生死蜕变 [M]. 贵阳：贵州人民出版社，2016.

[2] 黄卫伟. 以奋斗者为本：华为公司人力资源管理纲要 [M]. 北京：中信出版社，2014.

[3] 黄卫伟. 以客户为中心：华为公司业务管理纲要 [M]. 北京：中信出版社，2016.

[4] 爱迪思. 企业生命周期 [M]. 北京：中国社会科学出版社，1997.

[5] 田涛，吴春波. 下一个倒下的会不会是华为 [M]. 北京：中信出版社，2012.

[6] 王永德. 狼性管理在华为 [M]. 武汉：武汉大学出版社，2010.

[7] 杨杜. 文化的逻辑 [M]. 北京：经济管理出版社，2016.

[8] 周留征. 华为哲学 [M]. 北京：机械工业出版社，2015.

[9] 任正非. 华为的冬天（上）[J]. 企业文化，2001（10）.

[10] 任正非. 华为的冬天（下）[J]. 企业文化，2001（12）.

[11] 晓忆. 任正非：华为没有成功，只有成长 [J]. 世界经理人，2013（1）.

[12] 中国企业家编辑部. 任正非总结华为成功哲学：跳芭蕾的女孩都有一双粗腿 [J]. 中国企业家，2014（10）.

[13] 中国企业家编辑部. 任正非：还会封闭多久 [J]. 中国企业家，2001（12）.

[14] 朱士尧. 华为走向全球化之路 [J]. 军工文化，2013（4）.

[15] 张邦松. 中国企业国际化：行百里而半九十 [N]. 经济观察报，2011-12-02.

[16] 许洁. 华为美国招标再受挫 分析建议其海外上市 [N]. 证券日报，2010-08-26.

[17] 陈贺新 . 中国企业危机调查报告：半数企业处于危机状态 [N]. 中华工商时报，2004-06-04.

[18] 郭惠民 . 危机管理 重在防范 [N]. 中国信息报，2006-10-11.

[19] 梁薇薇 . 华为放弃美国被唱衰：是匹饱富乌龟精神的"狼" [N]. 中国产经新闻报，2014-
01-16.

[20] 蓝维维 . 从任正非的《华为的冬天》看企业人文管理 [N]. 南方都市报，2002-01-28.

[21] 马晓芳 . 任正非称华为已进世界 500 强 销售额 160 亿美元 [N]. 第一财经日报，2008-04-
08.

[22] 任正非 . 天道酬勤 [N]. 华为人报，2006-07-21.

[23] 任正非 . 要从必然王国走向自由王国 [N]. 华为人报，1998-03-23.

[24] 任正非 . 自强不息，荣辱与共，促进管理的进步—— 在机关干部下基层，走与生产实践
相结合道路欢送会上的讲话 [N]. 华为人报，1997-04-10.

[25] 吴春波 . 任正非间于"黑""白"之间的灰度管理哲学 [N]. 中国经营报，2010-10-27.

[26] 汪小星，孙嘉芸 . 华为任正非：不做僵化的西方样板 [N]. 南方都市报，2010-03-02.

[27] 中国建材报 . 门窗幕墙企业存隐患 切忌盲目扩大规模 [N]. 中国建材报，2011-08-09.

[28] 任正非 . 华为拉美及大 T 系统部、运营商 BG 工作会议上的讲话，2014-05.

[29] 任正非 . 2013 年轮值 CEO 的新年献词，2013.

[30] 田涛 .2014 年 9 月 24 日在新加坡国立大学中国商务研究中心成立论坛上的讲话，2014.

　　在中国企业界，任正非是一个绕不开的名字，因为在任正非领导下的华为已经成为中国的国家名片，也是中国制造向中国创造转变的带路人。在这样的背景下，我终于鼓起勇气写作本书，这种勇气主要是源于我对任正非偶像般的崇拜，特别是他那与其他中国企业家迥然不同的出奇的低调。

　　任正非的低调无疑增加了我对这位被《商业周刊》誉为"2009 年中国最具影响力 40 人"的企业家的了解的难度。如果企业家在聚光灯下讲述了自己如何管理企业，我可以依据他接受媒体的采访和他的演讲，或从他们"指点江山、激扬文字"的视频里找出需要的管理信息，然而，我费了九牛二虎之力才找到任正非的管理经验。在这里，我们开始起航。

　　任正非，1944 年出生于贵州省安顺市镇宁县一个贫困山区小村庄的知识分子家庭。中国的知识分子对知识的重视和追求，可谓"贫贱不能移"。即使在三年困难时期，其父母仍然坚持从牙缝里挤出钱粮来让孩子读书。

这为任正非日后成为知识渊博、引经据典、娓娓道来的管理者打下了坚定的基础。由于任正非非常低调，以至于被外界称作"华为的神秘教父"，其管理思想被各方企业管理层进行参考和借鉴。在一些内部讲话中，任正非坦言，他十分热爱历史、哲学等人文类的书籍。这对提升其企业管理水平帮助很大。

在本书中，我总结了任正非的多次内部讲话，并从这些讲话中引申出了更深层次的企业管理和用人之道，其目的是为了更好地让企业经营者学习和借鉴任正非的管理思想。

本书的定位是企业教育、员工培训的教材，年轻人、白领人士的励志读物，创业者、管理者的行动指南，成功者、领导者的决策参考……因此，作为这个时代草根创业的代表人物，以及继续在创业路上的先行者，任正非的企业经营思想或许不能直接给创业者们带来成功，却能给予创业者一个提示、一个视角、一个忠告、一个鼓励。

在此，我感谢《财富商学院书系》的工作人员，他们也参与了本书的前期策划、市场论证、资料收集、书稿校对、文字修改、图表制作。

以下人员对本书的完成亦有贡献，在此一并感谢：周梅梅、吴旭芳、简再飞、周芝琴、吴江龙、吴抄男、赵丽蓉、周斌、周凤琴、周玲玲、金易、汪洋、霍红建、赵立军、兰世辉、徐世明、周云成等。

任何一本书的写作，都是建立在许许多多人的研究成果基础之上的。在写作过程中，我参阅了相关资料，包括电视、图书、网络、视频、报纸、杂志等资料，所参考的文献，凡属专门引述的，我尽可能地注明了出处，其他情况则在书后附注的参考文献中列出，并在此向有关文献的作者表示衷心的谢意，如有疏漏之处还望原谅！

本书在出版过程中得到了许多研究华为管理、国际化、营销的教授，以及研究华为的专家、业内人士以及出版社编辑等的大力支持和热心帮助，我在此表示衷心的感谢。由于时间仓促，书中纰漏难免，欢迎读者批评指正。

（E-mail：zhouyusi@sina.com；

微信号：xibingzhou；公众号：caifushufang001）

周锡冰